图解服务的细节
028

帝国ホテル　伝統のおもてなし

帝国酒店
恰到好处的服务

[日]川名幸夫 著
张舒鹏 译

人民东方出版传媒
People's Oriental Publishing & Media
東方出版社
The Oriental Press

图书在版编目（CIP）数据

帝国酒店：恰到好处的服务 /（日）川名幸夫 著；张舒鹏 译. —北京：东方出版社，2015.5

（服务的细节：28）

ISBN 978-7-5060-8228-0

Ⅰ.①帝…　Ⅱ.①川… ②张…　Ⅲ.①饭店—商业服务　Ⅳ.①F719.2

中国版本图书馆 CIP 数据核字（2015）第 125912 号

帝国酒店：恰到好处的服务
（DIGUO JIUDIAN：QIADAO HAOCHU DE FUWU）

作　　者：[日] 川名幸夫
译　　者：张舒鹏
责任编辑：崔雁行　高琛倩
出　　版：东方出版社
发　　行：人民东方出版传媒有限公司
地　　址：北京市东城区朝阳门内大街 166 号
邮　　编：100010
印　　刷：北京印刷集团有限责任公司印刷一厂
版　　次：2015 年 7 月第 1 版
印　　次：2022 年 12 月第 10 次印刷
开　　本：880 毫米×1230 毫米　1/32
印　　张：6.25
字　　数：45 千字
书　　号：ISBN 978-7-5060-8228-0
定　　价：58.00 元
发行电话：（010）85924663　85924644　85924641

前　言

笔者在帝国酒店工作了 30 多年，回顾思索这些年来的所见所闻与所学，确实能真真切切地感受到帝国酒店在一百多年历史当中所传承的热诚款待之心。

笔者曾经带着一个访问团在帝国酒店里参观。参观过后，这个由各行各业人士组成的访问团成员们异口同声地发出了这样的感慨：

“不管是在哪个岗位，你们的工作人员看起来都特别昂首挺胸，特别有精气神儿。”

而且不仅是在帝国酒店（东京），访问帝国酒店（大阪）时也发出了同样的感想。

如果说作为一个人的责任、或者说一个人的生命意义在于在各行各业做好自己的本职工作并得到社会的认可，那么也可以说，在帝国酒店工作的同伴们“特别有精气神儿”的面貌就是一个很好的证明——“他们用出色的工作紧紧地与社会相连”。

笔者写这本书的目的，也是希望让毕业后投身于餐饮行业的同学们、或者已经在广阔的服务行业工作的各方同仁们了解到“精气神儿”背后所需付出的努力和艰辛，以及作为回报而收获到的自豪、快乐和喜悦。

笔者有一个小自己几岁的工作伙伴，她住了将近2个月时间的院，最近总算才勉强能下床。她发给我的邮件聊的全是有关工作的话题，邮件的结尾总情真意切地写着“真想早点康复，回到工作岗位上为客人服务”。这些邮件让我再次感到她热爱服务行业的真诚之心。

在笔者的身边，像她一样的朋友不在少数。

不仅各位前辈给我们树立了好榜样，我的同辈们也各个出色优秀，甚至被某位在帝国酒店工作过后来独立创业的厨师长用“群星璀璨”一词来形容；还有我的晚辈们，前几届的某位社长用“后生可畏”来形容他们，以此提醒我们不要松懈……所有这些人都深爱着这个行业。能够置身于现在这样的环境，笔者由衷地感到幸福。

在帝国酒店，除了极其简单的操作手册外，并没有发行业务指南一类的文件。取而代之的，是我们有保持一种态度的传统——这种态度或许就可以称为“帝国酒店精神”；我们有真诚待客的优良基因——这一基因在帝国酒店长达 100 多年的历史中不断传承。帝国酒店的员工们对各种短小精辟的警句烂熟于心，比如“永远诚实”“忠于基本”“计划八成就好”“背后长眼”等等。这些句子都凝聚着无数前辈们的亲身体验，其内涵之深远超单纯的作业指南。

本书将把这些已深深植根于帝国酒店的“盛情款待”的精神以及技术介绍给各位读者。希望更多的朋友们在读过此书后，哪怕是遇到时不时发生的麻烦，也能将其看作一件乐事，不惧挑战。

2006 年 3 月

川名幸夫

目录

第2章 真诚 时刻站在客人角度上看问题

第3章 信赖

以诚待人

第4章 细致
保持恰如其分的服务姿态

第5章 记忆
——通过智慧和努力来巩固记忆——

第6章 教育
——服务人员是我们的支柱——

第7章 传统与革新同在

—— 第 1 章 ——

基础

扎实做好分内之事

什么是永远以完美为目标

帝国酒店（东京）的客房全部加起来大概有1000间。

如果客房每天都能满员当然是最为理想的，不过有时也会出现客房闲置的情况。这也就意味着会出现一些客房整整一天都没有任何客人入住。

但是，帝国酒店的客房管理部绝不会对这些“没有任何客人入住的房间”疏忽轻视。因为客房管理部的座右铭就是：无论客人什么时间入住，所提供的客房都要像一件“崭新的商品”一样。

客房的空气绝不混浊沉闷，每时每刻都那么清清爽爽；房间的气息新鲜清凉，就好像刚刚打扫过一样。只要日历翻一页，就要让房间焕然一新。

既然我们要从客人那里收取房费，那么这些工作就是义不容辞的。

永远以完美为目标——这种态度不仅仅局限于酒

店行业，在整个服务业都是极其理所当然的。即使在实践中几乎不可能实现尽善尽美的服务，但仍然要时时刻刻以做到完美为目标。一家好的酒店要具备什么条件？不就是把理所当然的事办得理所当然吗？

“仅仅因为大体挑不出什么差错就偷工减料。”这样的行为一旦成为习惯，那就会连偷工减料的事实都被忽视得一干二净。

要警醒自己，决不能给客人带来任何不便。具备这样的态度至关重要。

永远以完美为目标，这是理所应当的，要切实做好。一点点疏忽偷懒也会随着日积月累，最终在结果上体现出服务上的巨大差异。

把客房打造成让客人最舒心的空间

清扫客房的工作，就好比是为了迎接新来的客人而打造一件全新商品。

然而，如果是频繁入住的“老主顾”，情况却未必如此。这是因为我们要根据客人上一次使用房间的方式去想象他自己家的样子，然后尽量做到和他自己家接近的效果。也就是说，不能把房间收拾得像一件新商品，而是要营造出一个让人感到熟悉亲切的、放松身心的惬意空间。这是因为，绝大多数客人都觉得自己家远比酒店的客房更放松舒适。

“让房间的感觉尽量接近客人自己家的样子。”出于这一理念，对于那些会经常入住我们酒店的客人，我们会为他们在客房里准备一些“专属用品”。比如有的客人相对于咖啡更偏爱喝红茶，那么就为他调整饮料套装的种类和比例，又或者给某些客人准备荞麦皮枕头、把烟灰缸摆在桌子的某个特定位置、日式睡衣绝不浆洗、多添几条洗脸毛巾等。

不仅如此，在铺床单时，我们还会根据客人的喜好采取不同的方式。比如有人喜欢床单绷得紧紧的、有人喜欢铺得稍微松一点、有人喜欢床单不要全塞在床垫下……我们都会根据客人们种种不同的喜好做出调整。之所以能提供这样的服务，也是因为我们平时会留意客人的各种喜好。

记录客人喜好的工作由客房服务员或者楼层经理负责。老道的经验和观察对于收集掌握这些信息极为重要。

如何才能打造一间让客人觉得极为舒适的房间？仅仅清净整洁还远远不够。时刻站在客人的角度观察与思考是非常重要的。

客房垃圾隔天处理

在我们帝国酒店，垃圾要在客人离开酒店后隔一天再处理。

看似没用就扔掉的纸片，有可能是客人在搭上飞机后才突然想起上面留有匆忙中记下的重要信息。有些事情甚至连客人自己都可能忘掉，而我们认为，连这些事情都关照好是作为提供服务一方应该尽到的职责。只要客人回头联系我们，大家就会一起动手翻开垃圾袋寻找。

这些工作是否是浪费时间呢？

说实话，当笔者刚参加工作时就是这么想的。然而，既然要细致入微地为客人做好服务，那么这样的工作也容不得半点妥协。帝国酒店的自信就是由此而来的。

原帝国酒店总经理犬丸一郎先生常常把“一百减一等于零”这句话挂在嘴边。这句话警戒我们，哪怕是一个员工犯的再小的错误，也将影响到客人对酒店的整体印象。

而“客房垃圾隔天处理”的服务，其背后的理念就像是在做反向思考，也就是说，一次小小的优质服务将提高客人对酒店的整体印象。固然一百减一等于零，然而一件小于 0.1 的小小优质服务却也可能把原来的一百升华到“帝国酒店名不虚传”的档次。这就是我们努力的目标。

要想让客人满意，就要从这两方面来思考。也就是说，提供服务时不但要以“绝不容许犯任何微小错误”为目标，也不能放过客人任何的隐性期望。如果只做到不出差错，那么充其量只做到了“理所当然”或者“一般水平”的服务，而我们必须再加上附加价值，即做到锦上添花的服务。

所谓服务，不但不能低于客人的期望，而且必须超出客人期待的水平。要想让客人满意，这两方面都必须做好。

完美的服务绝非由一人完成

帝国酒店从2003年开始，计划用5年时间对帝国酒店（东京）的主楼进行改建装修。这项计划不仅是对设备进行更新，还融入了很多新的服务形态。

比如客房，帝国酒店（东京）的14～16层是“帝国楼层”，白天客人入住和退房时，身穿和服的客房服务员会在房间门口及电梯厅前恭候客人，之所以这么做，是为了让客房服务员记住每一位客人的房间号和样貌，这样才能在客人入住期间提供最完美的服务。只要客人需要，客房服务员还会帮着一起安顿行李，或者在客人出发时帮忙装箱打包。

向每一位客人提供无微不至的服务，只靠一个人的力量是不够的，必须有其他员工以及相关部门的合作与帮助。在这一点上，有帝国酒店全体员工相互的信赖做后盾。通过信息机械等硬件上的改革，和“充分利用硬件实现领先一步的服务”、“在员工与员工之间形成紧密联系”等软件上的改革，将打造帝国酒店全新的关系网。

在硬件方面，比如“PHS”（Personal Handy-phone System，个人手持式电话系统——译者注）。帝国酒店在很早以前就开始采用PHS。前台和客房服务员之间直接进行纵向横向的自由联络，并把每次的结果和内容及时反馈，以备客人下一次光临酒店。这样做，使得一个人的服务变成了酒店整体的服务，也就是实现了由点到线的转变。

以上的例子可以说是机械的更新实现了服务的革新，但与此同时，员工们的努力也是不可或缺的。虽然帝国酒店（东京）在硬件上的大规模改进修整要到2008年才能全部完成，但硬件和软件将会是两手抓、两手都要硬。

新的客房体系能够提供细致入微的服务，得益于酒店内的人与机器有机地形成了一张紧密相连的“关系网”。今后的服务将会由点到线。

开工前做发声练习“叫醒”嗓子

帝国酒店的电话接线员在上班后，会马上钻进一间特别的小房间里。

其实他们是在做发声练习，把手搁在肚子上进行腹式呼吸。

人在刚上班后的一小段时间，嗓子还不太“清醒”。但是，客人不会管你的嗓子处于什么状态。面对打电话过来的客人，我们不能拿“我才刚刚上班”当借口。一旦接线员坐在电话交换机前，第一个字就必须“挂在高速挡上”，否则就是对客人的不礼貌。

不管是不是刚开嗓，接线员发声的音量、声音的情绪、声音高低都必须随时加以恰到好处的控制。因为电话接线员的工作好坏决定了客人对酒店的第一印象。

电话接线员在开始上班后，首先要检查当天客人的名单。然后查看内部通知，做好跟上一班接线员之间的联络交接工作。通过以上一系列的工作，掌握当天的工作内容，然后再把嗓子这个“工具”精心打磨好之后，才可以正式上岗。

打磨调整嗓音（包括日常的语音培训在内）是一项需要花费大量时间做好的事。几乎所有活跃在一线的服务类员工们，都将其牢记于心并积极实践着。

工作在不同岗位上的员工，都有各自的服务客人的“工具”。就像电话接线员精心打磨嗓音一样，持有这种决不妥协的态度才是行家做事的风范。

回答不仅仅要“简单明了”

帝国酒店（东京）与JR（Japan Railways的简称，日本旅客铁路公司）、地铁、公交车汽车等各种交通设施相连，堪称位于顶级的黄金地段。然而与此同时，由于交通手段的多样繁杂，为来客提供准确的道路信息也格外困难。这是因为根据来客的具体情况，引导的方式也有可能多种多样。

比如为乘坐地铁来的客人引路时，如果从有乐町线的有乐町站（离酒店最近的地铁站）下车的话，因为在去酒店的路上有较多的上下坡，我们必须根据客人当时的具体情况介绍走哪一个出口最方便。所以对于赶时间的来客、上了年纪的来客或是腿脚不方便的来客等，我们会根据客人各种各样的实际情况提供道路指南信息。不仅如此，在提供道路信息时，季节以及天气状况也是非常重要的因素。这是因为，比如在烈日炎炎或大雪纷飞的日子，与其在户外走5分钟，不如让来客花10分钟时间走地下通道。

又比如帝国酒店的电话接线员们，把“反应迅速、解释耐心、说明易懂”作为岗位口号。并且在通话结束时，他们并不会说“谢谢、再见”，而是有意识地说一句态度积极的话，比如“我们等候您的到来”或者“请您路上小心”等。

曾经有这样一件小事，让某位酒店来客（而且他也曾在酒店工作过）高度赞誉了我们的服务。

当时他打电话给帝国酒店（东京），询问去帝国酒店上高地（位于长野县松本市）应该怎么走，我们的接线员不仅告诉他行车路线，还介绍了他预计到访的那几天的气温情况。

我们的目标就是站在客人的角度解答问题，而且绝不满足于解答本身，而是更进一步提供满足客人真正需要的服务。相信这位客人见证了我们的实践成果。

要想向客人提供简单易懂的说明，必须把来客所处的状况清晰地放在自己的大脑里，并根据具体的实际情况积极主动地解决问题。

欠缺表达能力，客人就体会不到我们的诚意

对于如何应对来客的投诉，我们的电话接线总负责人富樫文予先生是这样说的：

“当客人提出投诉时，‘早期灭火’是接线员的重要职责。如果接线员处理不当，则可能导致客人的怒火升级，不但不能及时灭火，还可能起到火上浇油的反作用。”

“客人在投诉时消耗了多少精力，我们在处理时就必须拿出同等的精力，否则就无法让客人感受到我们的诚意。所以首先要集中精力接听电话。”

“作为接线员来说，第一，无论客人的不满是针对哪个部门或是什么内容，我们必须感同身受地认识到客人现在非常不愉快，并对此表示歉意。然后，认真准确地听取客人所投诉的内容，并在向该部门的负责

人或者值班经理简明扼要地进行说明后转接给客人。接线员的职责或使命就是在替客人转接电话的同时尽可能地缓解客人愤怒的情绪。”

“有些时候，接听客人投诉电话的未必是经验丰富的老手——这是最让人头疼的。甚至新人在培训时接听的第一通电话就有可能是来自客人的投诉。”

“客人的投诉电话，只有接得多了才能学会灵活应对。所以在培训新人的练习项目里，会让职场前辈扮演态度恶劣的客人进行训练。在这项训练时，前辈们的表演几乎可以以假乱真。做到这一程度也是为了让新人在真的遇到投诉时，多多少少能靠自己去解决问题。”

“虽然人们常说只要以诚相待，万事皆可以解决，然而遗憾的是，如果我们没有足够的表达能力让对方体会到我们的歉意，那么即使我们内心感到万分歉意也无济于事。相反，如果我们具备了向对方表示歉意的表达能力，就更容易得到客人的谅解。”

处理客人投诉时必须具备过硬的技术，所以必须时常锻炼自己的表达能力并不断经历实战的考验。不仅要不断钻研提高应对解决的技术，还要在各种细节上考虑周到。

为什么要精心做好“笔记”

作为一名行李员，需要具备相当全面的素质。不仅工作时要干脆麻利、接待客人时要亲切热情，同时还必须能够提供相当广泛的“信息”。

如果想全方位地了解一个酒店的里里外外，那么当一名行李员最合适不过。因为行李员如果做不到事事知晓，就连最基本的工作也完不成。当陪同房客办理入住、退房手续时，与客人的谈话内容包罗万象。比如客房的使用介绍，电脑的操作方法，酒店内餐厅的菜单及营业时间，酒店内各个时期搞什么活动，天气温度，酒店附近的剧院、电影院、美术馆的信息，JR、地铁或航空公司的时刻信息等。虽然问一下前台的咨询台或房客负责人就能得到相关的详细信息，但如果行李员能当场做出解答，自然会让客人更满意。

所以我们每位行李员都有一个贴身“兵器”——一本小小的笔记本。前面列举的各项内容，都作为必记材料记录在他们的小本子上。在做好笔记的基础上，再看是不是能做到“见招拆招”。也就是说，要看本子上所记录的信息是不是能解决应付从未遇见过的问题。比如，假设客人对电脑提出了一个新的要求，而行李员之前从没有设想过这个问题，那么他的小本子上是否能找出处理问题的信息呢？也就是说，我们的记录本不能只是一味罗列信息，必须能够应对突发的事态。

我们的行李员为了应对各种突发事态，各自都在笔记本上做了各种精心的准备，笔者每每看到这些心血无不衷心赞叹。随着信息量的增大，笔记本也逐渐地由薄变厚，凝聚着每一个行李员的智慧和真心。

客人与行李员的交谈内容无所不包，为了提供给客人满意的解答，行李员们的努力凝聚成了一本本内容丰富的笔记本。行李员无时无刻不冲在服务的最前线，他们每时每刻都在精心打磨自己的“兵器”。

专栏

伊丽莎白女王带来的惊喜

请允许笔者在此讲一个发生在多年前的小故事。

1975年，当英国女王伊丽莎白陛下访日，下榻在位于赤坂的迎宾馆时，帝国酒店负责了接待工作。

当女王陛下离开日本那天，作为对工作人员的慰问，向代表我们全体工作人员的客房服务员竹谷年子、担任烹饪领班的宫崎吉雄（均已故去）两位员工亲自馈赠了来自英国王室的纪念品。

赠与通宵值班坚守岗位的竹谷女士的，是刻有英国王室王冠纹样的银制梳子。赠与宫崎先生的是印有英国王室纹样的钱包。当时伊丽莎白女王还幽默地说：

“你应该让老板多发工资装满它。”

赠与仪式结束后，当女王陛下要从迎宾馆出发时，我们全体工作人员列队进行欢送。

当时我也站在欢送的队伍里，本以为女王陛下会目不斜视地直接从我们身边走过去，但没想到陛下注视着我们每一个人的眼睛，非常真诚地与我们一一道别。事后，我惊讶地对竹谷女士说："没想到女王会如此亲切地跟我们道别"，竹谷女士也禁不住表示赞同。感觉一向从容镇定的竹谷女士，也被女王的诚恳态度深深打动了。

第2章

真诚

时刻站在客人角度上看问题

无偿服务的价值

2005 年，帝国酒店（东京）的前台进行了翻新改造，位于其旁边的咨询台也从原来的 2 桌增加到了 3 桌，随时恭候着客人的垂询。顾客关系（Guest Relations）部近年来还常会被称为礼宾部（Concierge）。

顾客关系部负责为客人们提供各种有用的、详细的信息。比如曾有一位外国的企业高管，兴趣是淡水鱼研究，他想趁访日期间把日本已发行的所有相关书籍都买下来。当出现了这种少有的要求时，我们的顾客关系部就要做出迅速的反应。

虽然顾客关系部的工作并没有跟酒店的收益直接挂钩，但事实上，有不少客人一旦住过我们的酒店，就会成为忠实的回头客。

无论是百货商店、铁路船舶还是金融等，整个服务业在近年来越来越多地设置礼遇服务（Concierge）部门。这一显著的动向也可以说是合乎情理、理所当然的。

在欧洲，礼宾部要向客人收取小费。而且一般来讲，欧洲的礼宾部把客人介绍给旅行公司或购物商店、西餐厅后，还会向这些店收取介绍费。

而在帝国酒店，我们几乎不会接受其他店家给我们的手续费。至于小费，虽然可以理解为已经包含在了住宿的客人们所交纳的“服务费”里，但我们为客人们提供的无偿服务的价值——换句话说，通过真心诚意接待客人而在双方之间建立起来的信任关系是深厚而牢靠的。

与客人之间建立起深厚牢靠的信任关系，虽不会马上跟收益直接挂钩，但在不远的将来，会创造出实实在在的利润。

礼宾的基本要求

“礼宾”（protocol）是最具我们帝国酒店特色的工作之一。

帝国酒店自 1890 年（明治 23 年）开业以来，一直担当着“国宾馆”的角色，接待来自外国的贵宾。这一传统延续至今，2005 年接待的国内外客人，根据 4 月至 12 月的统计，住宿累计达到 450 次，宴会、餐厅接待更是多达 600 次。

“protocol”一词也被译作“外交礼仪”或者“公文协议”等，而在帝国酒店，“protocol”特指接待国内外的客人。总结成一句话，就是对于“机会只有一次，只许成功不许失败”的来宾接待工作，酒店内对来宾的正式称呼、国旗的处理方式等统一进行周密细致的规定，并在迎送等活动中负责做好各种各样的安排。

为了做好礼宾活动，我们会事先开碰头会，做好细致周详的准备。在进行事前准备时，酒店的营业部门、礼宾部门的负责人密切参与，积极联系政府机关和各国大使馆等相关单位，做到精益求精、一丝不苟。但是，无论事前准备做得再怎么完美，接待当天也肯定会接二连三地发生意想不到的问题。所以这要求我们对处理每一个突发事件都要做到迅速而准确。

虽然礼宾看似是一项非常特别的工作，但不能因此就忽略了一些极为重要的事情。也就是说，接待的客人是来自国内外的要人，虽然这一点很特殊，但除此之外，切实做好事前准备、衷心表达我们的好客精神、相关工作人员齐心协力做好服务等，无一不是每个酒店员工时时刻刻都在做着的事。

做好礼宾活动，首先要具备的态度就是真诚的欢迎之心。也就是要由衷地欢迎、感谢远道而来的客人。所以，对于礼宾工作的根本要求，与帝国酒店的员工在日常接待客人时所保持的基本态度是完全一致的。

接待国内外来宾的工作看起来特殊，但其精神态度在本质上并没有什么不同。周密的事前准备、诚挚的待客精神以及齐心协力的团队精神都是不可或缺的。

为应对突发事态做好万全的准备

每当位于赤坂（东京都中心的繁华地段）的迎宾馆举办外事活动并由帝国酒店负责承办时，我们的礼宾部总管室谷广二郎先生都会作为代表人承担接待国宾的工作。虽然每次都是他来负责这项工作，但他却说从欢迎仪式开始的 4 天 3 夜的工作总是会让人捏一把汗——因为失败是绝对不被允许的。

在迎宾馆接待外宾，一切工作的出发点就是确认核实客人们的日程安排。客人们的日程几乎都是以分钟为单位安排的，所以仅是做好事前准备就几乎占了整个工作的 75%。礼宾工作绝对不允许出现任何差错，所以必须把准备工作做到一丝不苟、万无一失。

然而实际上，礼宾工作中经常会发生意料之外的情况。在宾馆内接待时，要尽量避免客人之间在 VIP

专用出入口相遇。然而实际上，客人们可能会突然提出“想出门转转”，这就非常有可能跟别的客人在门口撞个正着。

然而室谷先生却说，“正是这些意外状况，让我们这些提供服务的人感到工作特别过瘾”。事先设想所有可能发生的事态并做好充分的准备，然后当实际上发生突发事件时，就能体现出室谷先生作为一个货真价实的行家的技艺。

室谷先生曾经在巴黎的一家宾馆工作过一年，然后在帝国酒店的巴黎问询处担任了 3 年的所长。其间他走访了欧美几乎所有的超一流大酒店，对礼宾发祥地的款待有切身体验。

室谷先生感受到了欧美酒店万无一失的准备工作能应对各种突发事件；接待服务优雅得体、落落大方。丰富的知识、高效的组织体制和宽广的人脉造就了他们由内而外焕发出的自信心，这让室谷先生由衷地感到钦佩。

而这些所感所想，都悉数发挥在了作为帝国酒店礼宾工作典范的室谷先生自身的工作当中。

从事接待工作，积累个人经验固然非常重要，而搜集各方信息进行事前准备则起到了基本的保障作用。这就意味着，要积累可以应付各种状况的丰富的知识和广泛的人脉。

小小一杯水，服务效果大

在举办宴会、聚会活动时，一般会有代表在众人面前讲话的环节。当着大家的面讲话是一件非常令人紧张的事，特别是在婚庆宴席的场合——不但没说好不能重来，还要注意措辞，不能说不吉利的话，同时讲话时间太长还会让听众不耐烦，这些个问题让演讲人不得不时刻紧绷着神经。

所以，为了缓解发言人的紧张情绪，我们的工作人员想出了这么一个办法——给演讲者准备一杯水。别看是小小一杯水，效果却非常明显。根据不同宴会的进行程序，每个人的演讲次序是事先安排好的，所以我们会在每个演讲者发言之前为他们准备好这么一杯水。人一旦产生紧张情绪时就会口干舌燥，所以小小一杯水带来的镇定效果比想象的大得多。

之所以会想到这么一招，说到底还是因为我们总在思考怎么做才能让客人们感到高兴和满意。事实上，只要站在客人的立场上看问题，意想不到的好点子就会接二连三地蹦出来。

我们还有这样一个小故事：

在某次婚礼喜宴上，当到了马上要开香槟酒干杯的环节时，一位负责服务亲友席的酒店员工，专门给这一桌的小朋友一个香槟酒杯，里面倒上了姜汁汽水——而通常情况下是给孩子们准备橙汁的。

虽然姜汁汽水不是香槟酒，而外观却同样是冒着气泡的碳酸饮料。而且盛饮料的不是随随便便的杯子，而跟大人们手里拿的一样，都是香槟酒杯。我们仿佛能想象到小朋友露出满面笑容，跟周围的大人们一样高举酒杯大喊“干杯”的情景。

虽然这些都是微不足道的小事，但只有站在了客人的立场上，我们提供的服务才能让客人们永远不忘。

体贴关心客人，虽然有些行为微不足道，但却能实实在在地做到客人的心里。越是体现在不经意间的关心与体贴，就越能带来意想不到的好效果。

百分百地聆听客人的心愿

婚礼可以说是一个人一生当中最大的喜事，所以理所当然的，婚礼喜宴负责人或者婚礼策划师需要花时间仔细聆听新婚人的心声。

实际上，要想办好结婚典礼，打造一场既让新婚夫妇二人和双方家庭称心、又让所有出席者都满意的婚庆喜宴，负责人必须具备“打听个水落石出”的技术。

要做到这一点，大前提是婚礼策划师要取得结婚人的信任。要想获得结婚人全方位的信赖，让他们从开始准备的第一天就觉得“婚礼交给你操办，我们完全放心”，必须从与新婚夫妇第一次碰头见面起就不能有一丝松懈，需要投入所有的精力。所以，有时我们甚至会在与新婚夫妇第一次见面前写一份贺信。

然后在进入正题讨论时，我们的问话重点会放在夫妇二人看重哪些方面、对什么比较讲究、有怎样的心愿上。

比如有一对夫妇的婚宴，从新娘小时候起就教她钢琴的老师预定在宴会上为新婚夫妇演奏钢琴曲。当婚礼策划师得知这是新娘长久以来的心愿后，仔细研究了在宴会大厅的哪个位置演奏钢琴时音色最好听、老师坐在哪里演奏能让所有出席者都看得到等，方方面面彻底满足了新娘提出的要求。

为满足结婚人的心愿而不懈努力、尽心尽力，在做到了这些后，不少婚礼策划师日后甚至会再次收到来自夫妇二人的喜讯——他们的宝宝降生了。争取结婚人的信赖，不惜花费大量时间反复磋商讨论，细致彻底地了解他们的心愿，经过这样的努力与结婚人一起打造出的婚礼喜宴，不但让顾客得到了最大的满意，同时也成了每一个工作人员的美好回忆。

要想满足客人提出的要求，获取他们的信任是最大的前提。在此基础上，要细致彻底地了解他们的心愿。

只有做好基本功才能在工作中创新

“我们常说温故知新，这句话就告诉我们，如果不掌握最基本的工作，就绝不可能有所创新。”

“我们做烹饪的，能应用的东西就要拿来应用，然后再去琢磨比这更好的菜肴。”

上面这些话，是曾担任帝国酒店总厨师长的村上信夫（已故）先生留给我们的。这就告诉我们，要根据时代变化进行各种各样的尝试与创新，但一切又都有一个根基在里面。这个根基就是我们在进行百般尝试后应该再重新回归的出发点。

村上先生的这一理念，至今仍在帝国酒店中不断传承。

曾在2004年第2届埃科菲·法式烹饪大赛（日本埃科菲协会主办）上荣获第一名的帝国酒店烹饪部厨师能势洋先生这样说道：

“我刚迈进烹饪这道大门时，正好是 nouvelle cuisine（新式烹调）的鼎盛时期。我当时很不安，觉得心里没底——不了解主流的烹饪到底能不能做得下去。我们的烹饪的主流、源头究竟在哪里？在每天的日常工作中，我最想坚守的就是这一点。有些东西或许今天已经不流行了，但我认为，之所以有今天的一切，都是因为前辈们为我们创造了一条主流。”

前总厨师长村上先生一直为人尊敬，大家都亲切地称他为“Monsieur”（法语对男士的尊称）。而我们的 Monsieur 村上曾说过“新式烹饪建立在基本、基础之上”，这恰好就是最完美的总结。

帝国酒店所蕴含的“温故知新”的基因，一代又一代实实在在地传承着。

一切皆建立在基础之上——这一理念无论是对于复杂的烹饪还是高超的待客技巧，都是兼容并包的。蕴藏在这一理念深处的，正是那句老话——“温故知新”。

走路切忌“足下生风”

2005年4月，帝国餐厅的主餐厅“Les Saisons”完成了翻新工程。

我们请来法国厨师蒂埃里·瓦藏（Thierry Voisin）先生掌厨，为餐厅揭开了崭新的一页。每2个月就会更新一次的餐厅菜单倍受美食家们的好评，被认为其不但遵循了传统的烹饪方法，还鲜明地体现了新厨师的敏锐感觉。

餐厅内的装潢设计也由法国人弗朗索瓦·格里（Francois Le Grix）先生操刀。不仅是室内装饰，就连工作人员的制服甚至包括菜单簿的材质、颜色在内的整体设计均由格里先生一手完成。

不仅如此，我们的服务也不同于以往。

我们在餐厅内新设了“receptionist（接待员）”，这是决定客人对Les Saisons餐厅第一印象好坏的、极其重要的岗位。接待员们负责迎接客人走进餐厅并将其带领到座位、接受订餐以及接听电话等工作。

接待员必须具备极高的职业素养，其谈吐用辞、待客态度以及举手投足的动作等都各有讲究。而且，不让桌前的客人们觉察接待员们走路时“足下生风”，也是重要的一条。

我们的主角永远都是客人，而工作人员们就要全力做好衬托主角的作用。如果服务人员的动作让客人没了兴致，那么这样的走路方式就必须避免。

“客人才是主角”的理念，是我们帝国酒店一向秉承的传统。

“客人是红花，我们是绿叶”。最基本的服务精神谁都能想得到，但如果不把这些理念深深扎根、化作我们的传统，是一定不会想出“切忌足下生风”来的。

规矩跟着客人走

帝国酒店的餐厅在培训新员工的初期阶段，在进入实战训练前，会不惜花费大量时间向他们说明所分配的各个餐厅的风格概念。这样做的原因在于，为了让光临餐厅的所有客人从心底里获得满足，必须让包括新员工在内的所有服务人员有一个统一的意识。

Les Saisons 餐厅的经理早坂公伸先生是这样说的：

“帝国酒店的主餐厅 Les Saisons 向来把提供最高级的美食和服务作为自己的目标。尽管我们把目标定为做到最高端，但却没有让客人们觉得餐厅的氛围咄咄逼人。我们在服务方法上，虽然会遵循最基本的规矩，但硬要说的话，我们的规矩不是绝对严格且一成不变的，而是配合每一位客人做出调整。”

既要维持作为帝国酒店主餐厅的顶级规格，又要让每一位用餐的客人得到放松，为此 Les Saisons 想了很多办法。

比如，一般来说在上西餐时，按规矩要从用餐者的左侧上菜、左侧撤盘，但如果死守这个规矩，有时可能会打扰到用餐者们谈话。遇到这种情况，我们会优先考虑“配合客人”，根据情况从右侧上菜或撤盘。

作为一个好的餐厅，营造一个“放松惬意的环境”是必不可少的条件。而在 Les Saisons 餐厅，服务人员只有唯一一条必须严格遵守的规矩，那就是时刻提醒自己根据客人的需要提供服务。

即便在提供最高规格的用餐或服务时，也绝不能制造一种令人喘不上气来的气氛。归根结底，“规矩跟着客人走”才是唯一的规矩。

预测客人的下一步行动

有句话叫做“背后长眼”。

这句话用在服务上，是指虽然眼睛只能看得到前方，但应该像背上也长了眼一样，360 度全方位地关照客人。

不过，餐厅 Les Saisons 的经理早坂先生却解释说，实际情况是这样的：

“我们在提供服务的时候，要把客人们的行动节奏装在大脑里。这不只包括用餐，还包括客人们谈话时的进展快慢。掌握好这一点，我们在提供服务时自然就知道怎么分配时间，能够预测出接下来需要提供服务的时机。也就是说，我们并不是只站着干等客人发令，而是在脑子里预测下一步的工作。做到这一点，就能提供恰到好处的服务，甚至会让一些客人惊讶，‘明明是不可能的事，但你们简直像是背后长眼了一样’。”

早坂先生还补充说：

“为了提供优质的服务，一定要处处为客人着想，同时还要高度集中注意力，让人觉得你背后长了眼睛。但这些并不是死死盯着客人看就能做到的。要的仅仅是不经意间的一瞥。”

提供的服务让客人们惊叹“他们是不是背后都长了眼”，要做到这一点必须具备更高层次的精神和技巧，也就是把客人的行动程式装在大脑里，随时预测客人下一步的行动。

“背后长眼”在现实中是不可能的事情。但我们提供的服务应该让客人产生这样的想法。这就必须抢先客人一步，预测他们下一步的需要。

夏里亚宾牛排

“夏里亚宾牛排”是 1936 年诞生于帝国酒店的美食。今天，夏里亚宾牛排的名字甚至出现在欧美餐馆的菜单上。

说起这道菜的名字，还是以当时闻名于世的俄国歌唱家夏里亚宾命名的。

1936 年，当夏里亚宾先生第二次入住帝国酒店时，因为牙疼而咬不动太硬的肉。但因为无论如何都想吃，夏里亚宾就把自己的希望告诉了当时的厨师长筒井福夫先生。于是被誉为大师的筒井厨师长出色地开创了一道牙疼也能咬得动的嫩滑的牛排。他把洋葱擦成泥腌制牛肉，使其变得松软。然后因为需要在上面再放洋葱，于是筒井把洋葱分别切片、切块、切末，做成 3 种款式后询问夏里亚宾先生最喜欢哪种。据说夏里亚宾说喜欢把洋葱切成末的。第二年，在得到夏里亚宾先生的允许后，夏里亚宾牛排就正式出现在了帝国酒店的菜单上。

可以说，夏里亚宾牛排是客人与工作人员的合力之作。在与客人的交流中，工作人员满怀着“满足客人愿望”的热情，使在这一过程中诞生出的这道美食具有别样的价值。

客人与工作人员，表面上是享受服务和提供服务的关系。但在二者之间，又的的确确存在着更高一层的情意。也正因为如此，才能创造出被称为传世佳作的美食。

专栏

Monsieur 村上的回忆

Monsieur 村上本名村上信夫，1921 年生于东京，1940 年进入帝国酒店工作，1961 年就任帝国酒店第 11 代厨师长，作为擅长烹饪法国菜的高级厨师，被大家亲切地称为“Monsieur”，并在东京奥林匹克运动会期间担当选手村食堂的厨师长。Monsieur 村上还出版了大量著书。Monsieur 村上非常喜欢狗，还曾学习柔道、观世流（日本能乐的派别之一——译者注）梅若派的谣曲等，是一位多才多艺的先生。1996 年，Monsieur 村上担任帝国酒店的烹饪顾问。2005 年 8 月 2 日，他以 84 岁的高龄溘然长逝。

Monsieur 村上生前为我们留下了很多幽默且富于

魅力的话语。

比如曾有位客人说“村上先生的太太肯定特别幸福”，他却说“在家里，只要我一进厨房，老伴的情绪就不好，所以我很少做菜给家里人。我就只做给可乐（爱犬的名字）吃。所以它都胖得不成样子啦，哈哈。”

“我经常对年轻人说，工作时一定要拿出最好的情绪来。”如今再端详 Monsieur 村上的照片，会重新发现每一张照片上都是先生热情洋溢的笑脸。年幼时经历了父母双亡、少年时经历了严厉的学徒制度、青年时经历了苦难的西伯利亚扣留生活，还有年纪轻轻就不得不站上领导岗位的经验，这一个个艰辛的经历到了 Monsieur 村上口中，都变得那么光明积极，听起来不过像是一个个只要努力就能跳过的跨栏，真的是不可思议。“故事反正都是说，与其说得阴气沉沉，何不讲得开心愉快呢?”——这是 Monsieur 村上生前的口头禅。

村上先生荣获有 120 多年历史的“法兰西共和国

农业功绩勋章”时，当驻日法国大使发表了赞扬之词后，Monsieur 村上说：

“现在我才不过 81 岁而已。为了日本的法国菜烹饪事业在今后更上一层楼，我愿意尽自己的微薄之力，培养接班人。……每一位好的厨师，都是被食客们培养出来的。对品尝过我菜肴的每一位客人，致以最诚挚的谢意。”

Monsieur 村上就是这样一位永远把客人放在第一位的先生。

第 3 章

信　赖

以诚待人

不满足于现在所需的知识

CIA，这里指的不是美国中央情报局，而是美国烹饪学院的简称。

美国烹饪学院不采取欧洲式的传统教学方法，而是彻底从科学合理的角度对待烹饪，所以近年来从欧洲慕名而来的教授和学生也越来越多，社会对该校的评价也越来越高。现任主任西点师的望月完次郎先生作为帝国酒店海外留学制度的第一届学生，于 1990 年起在 CIA 留学约 1 年，并取得了优异的成绩。

望月先生的独特之处在于，他不像其他西点师那样留学法国，而是选择了留学美国并贯彻了自己的目标。当时，在制作一般甜点方面他已经很有造诣，选择留美则是因为想要研究健康糕点的制作。在结束了大学的学习后，他还在杜邦酒店担任过西点制作指导的工作。如今，精湛的西点制作技术，再加上熟练的英语交流能力，望月先生成为唯一一个能不用翻译就胜任世界级西点师大赛评委的日本人。

在担任大赛评委的同时，望月先生还不断从全世界的同行们身上吸收崭新的技术、最新的发展趋势和全新的感觉，并将其运用到帝国酒店的特制糕点的制作上。

望月先生并不把自己局限在西点师的条条框框里，有时也会承接世界级大赛评委的任务，做些朴实的幕后支援工作。通过这些，他在一步步踏踏实实地拓宽自己的世界。

望月先生直到今天仍然非常珍惜自己当年留学时用过的教科书，甚至在工作岗位也要放上一本。关于在国外获得的经验，他说最大的收获就是接触到了与自己出国前 180 度相反的思维方式。据说在出国前，望月先生就在内心默默形成了一个理念，即烹饪不仅要有艺术的匠心，还必须有理论作为支撑——他的这一理论在留学中得到了很好的验证。

我们不能满足于当下所应具备的知识，而要开展广泛的活动。只有多开展光靠眼前的技术达不到的、全方位多角度的活动，才能进一步开拓崭新的世界。

一人分饰多角的调酒师

有一位因出色的教育业绩而广为人知的小学校长曾经这样说过：

“一名老师必须一人身兼三角，他必须同时具备医生、演员、学者三种身份。”

他的话确实让人不禁拍手称是。

而帝国酒店的某位调酒师，也曾经说过这样的话：

“虽然我们的工作是向客人推荐各种美酒，但有些时候也要当一个‘医生’，关心客人们的身体状况。对喝得太多的客人叫停，也是一项必须做到的服务。”

“而且，调酒师这项工作要经常聆听客人的倾诉，虽然没有演员一样的表演技能，但也可以说我们有很多种面孔。”

听客人讲话时所站的位置、姿势、在什么时机下点头表示赞同、用什么目光注视客人等，这些技巧都源自于本书前文所述的服务精神。

拿电影《鸡尾酒》（“Cocktail”，汤姆·克鲁斯主演，1988年上映——译者注）做比较或许有些小题大做，但调酒师们华丽潇洒的身姿真的像演员一样。

不仅如此，一个好的调酒师要记住2万种酒名和200多种鸡尾酒的调配方法，甚至还要掌握有关葡萄酒的大量知识，虽称不上是学者，其知识量也是相当庞大的。

所以说，服务是一人分饰多个角色的工作。

服务是有多个侧面的。既然我们的客人具有多个侧面，那么我们作为款待客人的一方，也必须能从多个不同的角度待客。

什么赋予了服务特殊的风貌

“旧帝国酒吧”（Old Imperial）是帝国酒店的中心酒吧。

该酒吧保留了弗兰克·劳埃德·赖特莱特（Frank Lloyd Wright）设计的帝国酒店旧主楼的部分墙壁，使得整个空间充满了一种别样的氛围。同时，这也是一块最高等级、提供最高档服务的空间。

对于第一次光顾的客人所点的第一杯酒，调酒师会把酒杯放在规定的位置上。相当于钟表四点的位置。

从客人点第二杯酒开始，调酒师会记好客人要求续杯时所放酒杯的地方，把酒放在那个位置上。因为每一位客人，都肯定有一个与其他人不同的放置酒杯的位置，当把第一杯酒放置在标准位置上后，客人肯定会根据自身喜好挪动。

调酒师绝不会忽视这个特定的位置，而会将其暗暗记在脑中。这一微小细致的服务会在无形中带给客人满足感，并为整个酒吧创造出一种优雅的氛围。或许旧帝国酒吧所具有的独特风貌，就是服务人员们通过这样的努力所营造出的一种特别的氛围吧。

曾任旧帝国酒吧经理、现任酒吧休闲区课长的铃木正己先生这样说：

“经常会有人问我，进入帝国酒店后要过多少年才能被分配到旧帝国酒吧工作。对此我们不但没有特别的规定，而且首先，一个人的工作技巧不是他的工作年数能衡量出来的。只看技巧的话，无论是谁早晚都能达到一定的水平。最重要的不在于技巧，而在于为人如何。以在旧帝国酒吧工作了长达 25 年之久的经理伊藤多喜男为代表，得到客人的支持与信赖的调酒师们都有一个共通的特点，那就是为人真诚。我认为在酒吧工作，有些事情不得到信任是绝对做不好的。”

是什么赋予了服务独特的风貌？无非是对客人细致入微的体贴与关心。而“以诚待人”的做人方式，才是创造出这种独特风貌的源泉。

被好莱坞影星盛赞的服务

来帝国酒店（东京）的外国商旅客人非常多，所以我们的洗衣服务也非常完备充实。

来自海外的商务精英们，需要在短暂的驻外期间出色地完成自己的工作，对于这样的人来说，得体的打扮是一件非常重要的武器。没有任何污渍的衬衫、熨得板板整整的西装不但给人好印象，还有助于工作的顺利进行。水洗、熨烫、干洗、除污渍、缝纽扣、进行简单的缝纫等服务都必须严格按照客人指示，准点完成送到。虽然这些服务看似理所当然，但却是至关重要的一环。

如今，很多本应理所当然做到的事情却变得不再理所当然。在这样的情况下，帝国酒店洗衣服务部为了赢得客人的信任，依然将此服务当作分内的事，切实做到位，多年来一直受众多客人的喜爱。

在某部好莱坞电影中，我们甚至得到过这样的赞誉。

那是基努·里维斯主演的电影《非常特务》的最后一幕，在经过了数次惊心动魄、紧张刺激的汽车追逐战后，男主角看着自己满是泥污的白衬衫，说了这么一句：

“真想把衬衫交给东京的帝国酒店给我好好洗一洗。”

据说剧本上没有这句台词，完全是基努·里维斯的即兴发挥，可见帝国酒店的洗衣服务给他留下的印象之深。

客人们通常不会提出强人所难的要求。只要做到清洗干净、及早并按时送交等基本工作，就能获得客人们好的评价。

“把我的回忆还给我！”

一般来说，洗衣服务常常会有顾客投诉事件发生。

因为衣服都是客人们平时的贴身之物，日久生情，对清洗也就抱有了很高的期待，所以对清洗效果容易产生不满也在情理之中。一般来说，衣服越是高级，客人越会在送交清洗时附加一张详细的注意事项。

很久之前，帝国酒店有过这样一次失败的教训。

经多年穿着的丝绸衬衫，在洗涤的时候容易造成衣物的损伤。按照帝国酒店的规定，必须将此事向客人阐明后才能受理。但有一次，我们在没有提醒客人的情况下就受理了客人的衬衫。

结果不出所料，这件丝绸衬衫在洗涤后出现了损伤。客人告诉我们，这是他最喜欢的一件衬衫，每当祈祷好运时必定会穿在身上。

“把我的回忆还给我！”客人的这句话让我们深切地感到，我们的失误是无论怎么道歉也于事无补的。

衣服并不是简简单单一件穿在身上的东西，而是一个里面珍藏着主人一件件珍贵的回忆的“珠宝盒”。

现在的帝国酒店洗衣服务部，在承接清洗服务时如果不能向客人直接确认，会通过核对单的方式处理。在承接清洗服务前，我们会与客人共同核对要清洗的衣物，贯彻在双方同意的基础上提供服务的原则。

这样的原则看起来或许过于死板，但保管客人们珍爱的衣物，就需要这样的郑重其事。虽然无论怎么坚持贯彻，都有可能出现失误，但抱有肯为改善而时时刻刻付出努力的态度是最重要的。

当客人不在场时，我们会使用衣物清洗核对单，让客人能安心下单。特别是有关清洗的各种核对，没有最细，只有更细。

擦鞋匠的自豪

在帝国酒店内设有的擦鞋区，工作着一位擦鞋匠，人称“金叔”。曾在帝国酒店住宿过的新加坡前总理李光耀先生，就曾为金叔的出色工作而深受感动。

李光耀先生下榻帝国酒店期间，有一天没带着警备人员，就信步来到了擦鞋区。金叔也没想到对方是高社会地位的国家元首，就如往常一样地承接了服务。据说后来李光耀先生非常惊讶地说“我从来没有见过擦得这么干净的鞋子”。

金叔常说，听到客人连声称赞“Good Job”比什么都高兴。擦鞋不过就是左右脚加起来 10 分钟的工作。在这一行当里一切都是结果说了算。所以这项工作饱含了工作者对自身技艺的自豪。正因为对自己的工作感到自豪，所以听到“Good Job”才会觉得高兴。

在 2004 年度帝国酒店内部推行的“名不虚传的帝国酒店推进运动”中，金叔是第一个作为非帝国酒店员工荣获年度大奖（最高优秀奖）的工作人员。

其获奖理由是“以卓越的工作技艺和诚挚的为人，兢兢业业工作，让客人的鞋子和情绪都焕然一新”。

“擦鞋的工作，与其说是要把鞋擦得精光锃亮，不如说是对鞋细致入微的保养。我觉得在我和客人的鞋子之间，有一份看不见的缘分存在。每一双鞋子都像是我的宝贝”。

一般人会以为，擦鞋不过是件不起眼的差事。然而，对自己的工作感到自豪，兢兢业业把一项工作做到极致的身姿才是最让人感动的。

为何设置免费的“音乐房”

帝国酒店内设有一间音乐房。房间内的斯坦威牌三角钢琴恭候着每一位客人的到来。音乐房的墙壁上挂着曾在这间音乐房练声的世界三大男高音的照片以及世界知名歌剧演员的照片。

这间音乐房专供在帝国酒店住宿的客人使用，而且各项服务全是免费的。

这间音乐房设立于1990年。对于一座矗立在地价昂贵地段的酒店而言，设立这一空间是非常奢侈的。如果将其设为休息区或客房，还多少能为酒店赚取点收入。

然而实际上，能让古典乐演奏家们进行练习的场所，即使在偌大的东京也是极其有限的。所以很多演奏家都在公演前在音乐房进行集中练习。而且不只是专业的演奏家们，我们也会见到一些客人利用商务谈判的空闲时间过来弹弹钢琴、调整调整情绪。

在帝国酒店，作为向住宿客人免费提供的空间，除了上文介绍的音乐房，我们还设置了会议室。另外在休息室，还设有淋浴间，供不到入住时间就提前来到饭店的客人或当所有客房已满、腾不出空余房间时、或因为航班等原因在退房后还不得不停留在饭店内的客人使用。

虽然这些房间或设施毫无利润可言，看似是浪费了资源，但却为客人能轻松地休息做了不可估量的贡献。

"惬意"是一家酒店所能提供的极其重要的商品之一。服务当中包含了很多无法作为收入体现在数字上的因素。我们决不能忽视了这些重要的因素。

保险柜为什么设有镜子

在帝国酒店（东京），有专为客人们准备的保险柜室。现在，因为所有的客房都设有保险柜，所以使用该保险柜室的主要是出席各种宴会的客人。不过仍然有客人觉得客房内的保险柜不够大，或者觉得保险柜室会更让人放心一些。

保险柜室不同于饭店大厅华丽而温馨的气氛，其构造只能让人联想到坚固牢靠。不过，在这间保险柜室里，却放着一面大大的穿衣镜。为什么要在保险柜室里放上穿衣镜呢？这么做是有充分理由的。

其实这面穿衣镜，是为女宾们把存在保险柜里的贵重首饰取出来穿戴时而准备的。女宾们把贵重首饰提前存放在保险柜室，等到了宴会开始前过来取时，可以站在镜子前确认自己的穿戴。

可以说，我们抓住了客人们的需求。要把客人的需求落到实处，绝对不能有半点犹豫。

那么，怎样才能知道客人们最需要的是什么呢？这就需要我们尽最大的努力拉近与客人之间的距离，用客人的视角重新审视服务。在帝国酒店，各个部门都在贯彻实施这一点。

还有另一个方法，就是通过彻底地对客人进行观察，找出客人的“需求”。

“只要一有时间，不，哪怕没有时间，我每天都一定会腾出点时间来在大厅里站一站。”

这句话是已故的前酒店总经理簑岛清人先生的口头禅。

在帝国酒店，我们认为大厅是藏满各种线索的宝库。

真正最想要的是什么，客人很少会自己说出口。所以这就需要我们作为提供服务的一方，竭尽全力去观察和感知。

用镜子走近不在眼前的客人

在帝国酒店，即使是不直接参与接待客人的岗位，也会在工作人员进出口放置大的穿衣镜。

这么做是因为，整理的不仅是外表，还有内心。帝国酒店的某位老前辈甚至创作过一条标语“立于镜前，整姿正心”。也就是说，无论是否站在客人的面前，工作的态度都是一样的。

不仅是穿着，“笑容”也是非常重要的。所以要提醒自己无论何时都要面带笑容，并用镜子检查确认。

在帝国酒店（东京）的话务中心，每一部电话前也都放着镜子。作为每天要接听 200 多通电话的接线员，在努力做到从接听每天的第一通电话到最后一通电话都保持“满面笑容”。

无论是谁都有疲劳的时候，都有难以挤出笑容的一刻，所以放在电话机前的镜子就是一个小小的道具，帮助接线员们一直保持笑容。

电话接线虽然是一个看不到员工的样子，只能听到她们的声音的工作岗位，但是时刻保持笑容的努力都体现在了一个人的声音当中。

不直接接待客人的岗位也要放置镜子，只用声音与客人交流也要用镜子，这些措施的共同点在于，都是一种通过镜子与眼见不到的客人心连心的诚挚态度。

当一个人忙起来的时候，往往容易忽视对我们而言至关重要的客人的存在。而镜子则会提醒我们，有客人才有我们的工作，要时刻对客人心怀敬意。

专　栏

帝国酒店日常所见的幽默与绅士风度

客人在前台办好入住手续后，会由行李员引导至客房。但有一次一个行李员，不小心把客房钥匙掉到了电梯和地板间的缝隙里。

这个行李员马上脸色发白，觉得必须马上道歉，但话到了嗓子眼却紧张得说不出来。但客人是一位十足的绅士，笑眯眯地跟他说了句“hole in one”（高尔夫球用语，“一杆进洞”——译者注）。

前台课长闻讯后急忙赶来，拿着新钥匙赶紧道歉，但这位客人不但一点也没有生气，还笑嘻嘻地安慰了年轻的行李员。

有一次坐在酒吧吧台最角落里的一位客人把空酒杯从吧台上滑给了调酒师。虽然我们经常能在电影里看到这种情节，但实际上在滑动过程中很有可能撞到什么东西，导致其他客人受伤，所以在酒吧里是禁止这样的行为的。调酒师本可以提醒客人说“太危险了，请您不要这样做”，但我们的调酒师却说：

“Please don't bowl.”（请不要打保龄球。）

幽默的调侃让客人完全成了这位调酒师的忠实“粉丝”。

以上的例子，话都不是直接说出来的，而是比喻成高尔夫球或者保龄球，这样的思维方式可以退后一步客观地看问题，并留出了交际的余地。这都要归功于我们员工的机智和客人的绅士风度。在帝国酒店，客人与员工间进行着机智与幽默的绝妙碰撞，由此营造出了一种别有味道的氛围。

第4章

细　致

保持恰如其分的服务姿态

向客人学习

帝国酒店的工作人员，都会随身携带指导工作行动的卡片。

所有的卡片上都写着，“‘清洁·优雅·低调’是个人仪态的基础”。话虽然说得简单，但对这些内容要实行起来，却是非常困难。

关于“清洁”，虽然对以提供清洁安全的空间为义务的任何酒店来说都是理应做到的，但如果清洁不能用眼睛看得到的方式表现出来，就不成“清洁”。我们要有整洁的建筑、设备、制服以及“纯正”的人品。这些都会很大地影响酒店给客人留下的第一印象。

关于“优雅”，是在清洁的基础上做到有品位。

关于“低调”，是指我们认为在酒店里，客人们才是绝对的主角，工作人员决不能走在客人的前面、比客人显得醒目。

以上这三条基本要求，实践起来虽然非常困难，但我们的某位先辈介绍了一个窍门，那就是“向客人学习”。

成为一个好的酒店的条件，好的设备和服务固然非常重要，但客人们所营造出的气氛也能成为一个酒店非常重要的魅力之所在。在客人当中，确实有些人不禁让我们仰慕其优雅的举止。所以向客人们学习是实践这三条基本要求的非常重要的一个环节。帝国酒店的历史，同时也是一段向客人们学习的宝贵历史。

只要向客人们学习，就会自然看到什么是清洁、什么是优雅。

“清洁·优雅·低调”这三条，必须反复贯彻执行，否则很难掌握。不仅如此，还要向客人学习，这才是真正的诀窍。

宾客称呼员工的名字意味着什么

上高地帝国酒店，坐落在海拔超过2000米的日本阿尔卑斯北部的群山之间，是一家拥有75间客房的小巧而整洁的酒店。

这里的工作人员们，每个人都要分担好几样工作。

电话接线员也要负责前台接待的工作。有的时候还要兼任门童或者行李员。也就是说，前台及前台四周都是他的职责范围。

调酒师也要提供客房服务。所以在负责好各自岗位的同时，如果不把整个酒店的运作流程纳入视野，就很难做好工作。

细分成各个不同的组织是出于酒店单方面的目的，不能因此给客人们造成麻烦。所以，上高地帝国酒店与其说是一家近代化的酒店，不如说是一家老字号的日式旅店。而且事实上，确实有不少客人向我们反映了这样的感想。

在这样的环境下，我们与客人之间的对话也就自然而然多了起来。

员工们会尽可能多地记住留宿客人们的样貌和名字，反过来，客人们也会记住我们员工们的名字。于是，上高地帝国酒店就成了一块易于建立这样一种人际关系的场所。我们每天会向客人们提供写有天气预报信息的卡片，客房内会配备瑞士产的八音盒和双筒望远镜、散步时穿的旅游鞋，此外下雨天时还会提供雨伞和雨披等等。这些上高地帝国酒店独有的服务更加加深了员工与客人之间的关系。客人与员工之间经常交流，酒店实现了一种非常亲切友好的气氛。

不过，虽然员工们在待客时是亲切友好的，但绝不会越过与客人间形成的恰到好处的那条“界线”。这种“恰如其分的关系”，是所有帝国酒店服务的共通点。

虽然帝国酒店的分店有度假酒店和城市酒店之分，但所有分店都有一个共同点，那就是待客时既要亲切友好，又要与其保持恰如其分的关系。

保持“低调”的精神以随时待命

服务不能高调，要保持低调。“低调才是优雅而有品位的”，一代代的酒店员工是一直被这样教导的。也就是说，要贯彻“低调”的不动声色的服务培养优雅的气质。

帝国酒店的行为规范提出了“清洁・优雅・低调”这三条，对于员工来说，“低调”是需要时刻提醒自己的事情。

“低调”不是指跟人客气、自己什么都不做，而是指时刻准备并恭候着以便随时随地满足客人的需求。

要做到这点，首先，熟悉自己的客人是非常重要的。

我们必须要看清客人是喜欢积极主动的服务，还是希望服务人员不要太干涉他们。然后根据客人的喜好决定自己的服务姿态，认清自己应该做到何种程度的“低调”。这样一来，我们提供的服务就会恰到好处。

不过在实际情况当中，应该针对每一位不同的客人，分析每一个场合每一个地点的具体状况，方能做好“低调”的服务。

服务做得出格还是低调，其分界点就在于有没有分析好具体状况。

在本书第1章的专栏中，笔者提到的负责接待伊丽莎白女王的竹谷年子女士就是这样做的。她想到女王随时都有可能提出要求，虽然当时已接近70岁高龄，她仍然在女王陛下住宿期间，在离女王寝室最近的员工室中坚持每晚待命。这个小故事就很好地告诉了我们“低调”这个词的分量有多重。

“低调”是指时刻准备着，以随时进行应对。“低调”与“出格”的差别在于能否透彻地理解客人的心情。

看杯子与嘴的角度掌握饮料还剩多少

在帝国酒店的餐厅，规定当客人杯中的水只剩2/3时，要给客人倒满。因为水杯是透明的，所以很容易掌握倒水的时机。

但是在倒咖啡时，因为容器不透明，所以看清续杯的时机就是件很不简单的事。

在帝国酒店，前辈们代代相传着这样的经验：

"通过看杯子和嘴的角度掌握饮料还剩多少。杯中饮料剩得越少，杯子的角度就越接近垂直。"

只要掌握好这个窍门，不管离客人有多远，都不会错过给客人续杯的时机。

虽然我们可能看不透客人内心到底在想些什么，但只要不放过客人的一举一动、在其身边静静地待命，就可以推测出客人想要什么。这条经验就告诉我们，作为一名服务人员，在行动时一定不要忘记要有“眼力价”。

对于这个问题，与山口胜先生（常年从事宴会服务工作，著有《优雅礼仪教科书》《上流社会礼仪入门》等书）的经验有着异曲同工之妙：

“观察客人头部的动作可以知道他是不是有急事或者身体不舒服。”

宴会的规模通常比餐厅大得多，根据山口先生的经验（虽然一定程度上也与我们所站的位置、角度有关），无论会场有3个人还是300个人，他都能准确地察觉出客人的状况。甚至有时会发现连客人自己都没注意到的突变情况。

要想做到有眼力价、处处替客人着想，不仅需要时刻把客人放在心上的精神层面的态度，“观察发现的技术”也是必不可少的。为客人着想，是精神与技巧的结合。

“为客人着想”是帝国酒店行为规范的一个重要项目，可以说是接待客人时基本中的基本。要做到这一点，关键是要有扎实的技术和热忱的工作态度。

“不满”的连锁反应

服务行业常说一句话，“不满（投诉）会引起连锁反应”。

比如在办理入住手续时如果发生了什么问题，之后在服务上哪怕发生一点点小的问题也会让客人感到不愉快。随着这种不满情绪的逐渐增加，当办理退房手续时有可能升级为不可收拾的投诉事件。

此外，还有一句告诫我们的话，叫做“善于迎人，拙于送人”。

这句话提醒我们，不能只在客人到来时热诚相迎，客人离开时就摆出一副“秉公办事”的冰冷态度。这句话或许正好点中了从事服务行业的人的盲点。

所以，我们在提供服务时必须时刻注意方方面面的细节。哪怕一秒钟的疏忽大意都是要不得的。

话虽如此，这个世界上却并不存在十全十美的服务。无论付出多么大的努力，任何时候都有可能发生各种各样的问题。

在处理顾客投诉问题上有多年经验的值班经理主任山本一郎先生这样说：

“首先要虚心地倾听客人，这是处理投诉问题的出发点。”

认真倾听客人的意见不仅带给我们扭转客人态度的机会，真诚的处理态度让客人敞开胸襟，还将成为一种有效的市场调查。我们可以根据以此获得的信息进一步努力提供细致周到的服务。有这种意识非常重要。

不满（投诉）会引起连锁反应。作为服务人员，应该真诚地听取客人的意见并以提供无微不至的服务为目的，时刻努力着。

为什么要在问候过客人后再加一句话

每天都会有形形色色的客人到访酒店。

为了提供优质的服务，我们必须根据客人的性格、年龄、性别、兴趣爱好、生活方式、不同场合的氛围等方方面面的要素，针对不同的客人、场合、时间采取不同的处理方式。

那么，我们怎样才能做到最恰到好处的服务呢？有没有什么有效的方法来回答这个问题？

在我们帝国酒店，有这么一个方法，就是要重视“问候客人”。向客人问好，不但这一行为本身非常重要，而且还有一个重要的目的，就是在向客人问好的过程中体察他的情绪状况。不过必须注意一点，有时候不开口打招呼反而是更适宜的。

我们可以通过问候这一交流工具，去感受客人身体是否健康、情绪是否愉快。然后自然就知道下一步该说什么话，或者该做出怎样的表情、采取什么行动。所以身为提供服务的一方要主动开口问好。

比如，当我们判断出可以向客人开口问好之后，可以这样开头：

“××先生，欢迎光临。今天外面也挺冷的吧。”

“就是，我都有点感冒了。”

在帝国酒店前台工作的某位员工在经过了上述对话后，马上安排人给这位客人的房间送去了一台加湿器。

在问候客人时除了说一句“欢迎光临”，只要再添一句“今天也挺冷的”，就扩展了我们提供服务的空间。

“问候”是我们与客人接触交流时的感应器。认真对待问候，可以提高服务质量的档次。

不叫出客人名字有时反而是一种体贴

在 30 年前的帝国酒店，如果服务人员在走廊遇到客人，作为酒店的规定，要求工作人员移动到走廊左侧的一角，原地不动并低头等候客人走过。迎宾馆经过翻修后，帝国酒店承担了包括英国伊丽莎白女王陛下在内的众多国宾的接待工作。那个时候，宫内厅（主管日本皇家事物的行政机关——译者注）的式部官（掌管祭祀仪式的宫内厅职员——译者注）对我们进行了全程指导。

今天回过头来看，那么做或许有点小题大做了。

现在的帝国酒店，本着“服务必须与时俱进”的想法，规定“在向客人问候时，根据场合可以在问候前叫出客人的名字”。

不过与此同时也有这样的要求：“即使已经知道客

人的姓名，根据场合，不叫出客人的名字也是一种服务”。

就笔者个人的感觉，近年来越来越多的服务人员在向客人问好时会加上客人的名字。不过我们必须注意一点，要根据“时间、地点、场合”灵活处理，否则有时反而显得没有礼貌。

有这么一个小故事：曾有两家银行在帝国酒店的客房进行了合并的商谈活动。而他们把商谈地点选在我们帝国酒店，理由就是因为“我们在走廊遇到认识的服务人员时，就算他知道我们的名字，也会考虑到我们的情况，不叫出我们的名字来。我们很欣赏这种为顾客着想的心思”。

提供服务的一个基本原则是“保密义务”，我们绝不能打破这个规矩。所以必须要随机应变、灵活处理。

“保密义务”是身为一名服务行业工作者必须遵守的原则。如果在问候时要叫出客人的名字，必须格外谨慎注意。

“More Than a Home Away From Home”

在帝国酒店的前台，当客人外出返回酒店时或者再次入住时，我们的服务员会以“欢迎您回家”向客人表达问候。

对这一做法，我们往往会受到来自国外的客人的称赞——“More Than a Home Away From Home（不是我家，胜似我家）”。这意味着客人们觉得在我们的酒店比在家里更舒服惬意。这是对我们最高的赞誉。

我们的不少客人，在庆祝家庭的各种重要时刻时，会把帝国酒店当成自己的家一样利用。比如有的是一家祖孙三代都选择了帝国酒店举办婚宴；有的是两家人每年元旦都预订酒店内相邻的两套客房，像一家人一样欢度新年；还有的是一家兄弟姐妹们每个月都来聚一聚吃顿饭。

特别是出于商务原因入住的客人，因为大多数时候都是单独到访，所以不免对家的气息格外敏感。如果在问候时不格外留心，可能会让客人感到不愉快。

前台服务员的一句“欢迎您回家”，有让客人感到安心的效果。帝国酒店的服务目标就是让每一位入住的客人都能感到“不是我家，胜似我家”。

“More Than a Home Away From Home”——我们的目标就应该是让每一位客人得到比在自己家更舒适惬意的体验。当向客人问候“欢迎您回家”时，语气一定要带着真情实意。

更上一层楼

当我们走进宴会厅时，如果看到大厅正面伫立着配合宴会主题的散发着丝丝的凉意的冰雕，一定会感受到会场真心欢迎自己的温馨氛围。

说到冰雕，从人物、建筑到游鱼，不但造型不一，大小也各不相同。最大规模的冰雕甚至达到高 2 米、宽 3 米。要想雕出这样一个大家伙来，单靠一块冰是绝对搞不定的，必须具备把许多块冰组合成一大块的技术。与此同时，迅速并准确的雕冰技术也必不可少。毕竟只能靠一把凿子，把原本不过是个块状的大冰块在转眼之间雕刻得栩栩如生。

帝国酒店冰雕装饰负责人平田谦三先生说，从接到客人订单到确定主题、决定冰雕大小，再到确认宴会开始的时间并提前雕刻好，最后到当天进行组装摆放，如果只关注这一连串的流程，“路”不免会越走越窄，最后施展不开手脚。不仅要满足客人的要求，还要创造出超出客人期待的作品。为了做到这一点，平田先生说平时的不断学习是少不了的。为了向客人提供合时应景、绝不千篇一律的冰雕设计，必须要经常翻阅画册、游览美术馆，日常钻研琢磨。而正是因为有日常学习做支撑，才能奉献出超出客人期待的美妙绝伦的作品。

平田先生凭借高超的冰块组合技术，以及将大型雕刻和灯光进行完美搭配的艺术感觉让无数客人获得了一次又一次的惊喜。但他并不满足于此，还会专门雕刻一种融化时也不会褪色的冰玫瑰花（这种玫瑰花在雕刻时所使用的冰本身带着颜色），所以近几年，平田先生还使用除了冰块之外的各种食材进行雕刻。

从致力于不断开拓创新的平田先生身上，我们仿佛看到了活跃在各行各业的先驱们的身姿。

如果每天只做事先规定好的工作，日复一日，“路”只会越走越窄，最后伸展不开手脚。为了超越客人的期待，必须天天坚持学习新的东西。

随时备好崭新的纸钞

在我们帝国酒店，前台随时备有找零钱时的崭新纸钞。

对于饭店的工作人员来说，新钞票不但拿起来麻烦，还容易数错，但尽管如此，我们还是坚持备好崭新的纸钞。特意这么做，无非是出于“让客人拿着舒服”这么一条理由。

比如在结婚喜宴上，作为大众性的习惯，至今还是讲究在红包里装上崭新的纸钞。这是一个深深扎根在日本社会的习惯，特地准备崭新的纸钞，表达了送礼人祝福新婚夫妇步入人生崭新阶段的喜悦之情。

同样，当客人退房结算时，如果找给客人的零钱是皱巴巴的钞票，相信客人也不会留下好印象。最起码，这么做肯定不会让客人产生“还想再来”“下次还来入住”的愿望。

服务的每一个细节是否彻底地贯彻落实，是评价一个饭店整体服务水平的要点，这是毋庸置疑的。也就是说，细节上的疏漏会让人觉得整体服务也可能存在纰漏。

顺便说一句，在婚宴开始之前，经常有客人来前台兑换纸钞。这些客人都是知道的，我们的前台肯定备有崭新的纸钞。

越是细节性的服务，越要加以格外注意。每一个细节的不断积累最后将影响客人对整体服务的评价。

今后的客房形态

2005年，帝国酒店迎来了自开业起的第115个年头。帝国酒店是一家对时代潮流非常敏锐的、站在时代前列的酒店。

近年来，虽然越来越多的客人在入住时都会带上自己的手提电脑，但还没有带着打印机来的客人。一直以来，当客人想打印文件时，都要跑到帝国酒店的商务中心才能完成。为了方便客人在客房打印文件，我们最近在VIP房客较多的帝国楼层设计采用了最新的输出系统，使得各个房间常备的传真机兼具了打印机的功能。

这样一来，客人就可以通过LAN（局域网）把数据从个人电脑传送到房间里的传真机进行打印。由于打印机在待机时间中会消耗巨大的电量，所以把打印机和传真机合为一体，是充分考虑到了环保节能。

除此之外，为了顺应时代发展，帝国楼层于2005

年翻修完毕后，还在各个客房的保险柜内安装了电源插座，以便客人给手机或手提电脑充电。

客房的桌子上，也不再像过去那样放置文具或备忘卡片了。这么做不仅是为了方便客人们使用电脑，也是考虑到当客人想用桌子时能够迅速腾出一大块工作空间来。

未来的客房应该设计成怎样的形态？帝国酒店每时每刻都在思考这个问题，并积极采用最先进的技术。因为我们的目的始终是方便客人，所以在导入先进科技的同时，非常重视更进一步的改善与调整。

电脑及周边设备的进步可谓是日新月异。但在引进新技术时，我们必须时刻站在使用设备的客人的角度上考虑问题。

可在浴缸外使用淋浴的浴室

浴室内设有独立的淋浴空间，这一点最早是由帝国酒店（大阪）推行的，今天已被大量宾馆所采纳。

于 1996 年开业的帝国酒店（大阪），为了设计出舒适性高的浴室，率先决定应用类似于日本一般家庭的浴室形态，第一次在酒店浴室里设计出了独立的淋浴空间。这一设计使得客人可以在浴缸外享受淋浴。

以往，一说到宾馆的浴室，一律都是欧美样式，即在原则上，“浴缸是用来站在里面清洗身体的”，没有独立的淋浴空间，房客在浴缸内沐浴后不得不重新换一次水。形成这一现象的原因是，宾馆本身就是一种源于欧美的住宿设施。然而，帝国酒店（大阪）把客人的舒适性放在首位，积极研究开发了新的浴室形态。

帝国酒店（大阪）率先推行的带有独立淋浴空间的浴室，浴缸可以用来泡澡、淋浴空间可以用来清洗身体，这不但符合日本客人的沐浴习惯，也得到了外国客人的好评。不仅如此，酒店还在淋浴空间专门安置了高腿座椅，客人可以坐着淋浴。

帝国酒店（东京）也按照这一设计翻修了浴室，并配备了最新开发的自动热水设备。这样的改进不但是划时代的，而且最重要的是能更方便房客使用。

除此之外，明亮却不会影响到旁边人睡眠的光纤读书灯也是帝国酒店（大阪）最先开发出来的。

这一切，都是站在客人的立场上、以方便客人为目的去做的。

思考什么是客人现在最需要的、什么让客人感到舒适，竭尽全力把它们在客房有限的空间里得以实现——这样的态度促进了各种各样新的开发。

作为宾馆，应该最优先地考虑客人的舒适性。这样的态度促使我们充实了各种便利的设备，并让我们的服务最大化地满足了客人。

以“香”待客

空气中似乎弥漫着一股若有若无淡淡的“香气”。当你一迈入帝国酒店（大阪）的大厅，如果感到有些许的不同，或许“香气”就是其中一个原因。

在帝国酒店（大阪），不仅在大厅入口和小教堂，甚至连客房浴室的香波、护发素都使用了独自设计的香型款待客人。大厅入口散发的香气是“樱花香”。这是因为帝国酒店（大阪）的所在地，自江户时代以来就是赏樱花的名胜之地，连其地名都叫做“樱宫”，所以“樱花香”是独属于帝国酒店（大阪）的服务。而浴室香波、护发素所用的香型也是为放松客人心情独自开发的。

2006 年，当帝国酒店（大阪）迎来开业 10 周年纪念之际，又提出了更升一级的“香气”方案。这是一项非常独特的住宿方案，即前来入住的客人可以根据各种不同的场合选择最适合的“香气”。我们为客人准备了 4 种香型，“放松舒适”“就寝之前”“清爽醒来”和“充满活力”。前台会通过遥控操作使客人入住的房间弥漫着淡淡的清香。

比如“清爽醒来”的香气，会配合叫醒电话缓缓弥漫于房间。

在帝国酒店（大阪）前流淌着的大川端河两岸种满了染井吉野樱花，再加上造币局的“樱花通道”又可以观赏到八重樱花，这些种类繁多的樱花可以让住在帝国酒店（大阪）的客人享受到长达一个月以上的春意盎然。这都更加充实了我们的“以‘香’待客”，为客人们提供了嗅觉享受。

帝国酒店（大阪）的“以‘香’待客”，是帝国酒店（大阪）作为赏樱名胜之地而推出的独具特色的服务，使我们重视的客人的五感享受、热诚迎接客人到来的真心有形化。

帝国酒店消防自卫队

每年的 9 月 1 日是日本的“防灾日”，全国各地都会举办各种各样的训练或活动。设定防灾日的理由之一，是提醒国民勿忘发生在 1923 年（大正 12 年）同一天的关东大地震的教训。

帝国酒店的旧主楼由代表 20 世纪的建筑家弗兰克·劳埃德·赖特设计，是为数不多的在遭遇了震级为 7.9 级的关东大地震后依旧屹立不倒并且没有发生巨大火灾的建筑，也因此驰名世界。

为什么帝国酒店能够“幸免于难”？专家分析这都要归功于赖特的设计和一直贯彻的“全电力宾馆”的方针——这一方针甚至严格到看得见的火苗只能是抽烟时划火柴的火苗。不仅如此，相关负责人在大地震剧烈的摇晃中仍恪尽职守，关掉了全部电源开关，工作人员也冒着生命危险保护宾馆不被延烧。他们发挥的重要作用都保存在了历史记录里。

在帝国酒店，除了出于安全考虑而设计的建筑物和设备、完善的管理系统之外，对工作人员的教育和训练也是必不可少的防灾环节。

现在，帝国酒店组织有一支“帝国酒店自卫消防队”。2005 年，在丸之内地区（位于东京都中心的商业区——译者注），共计 28 支队伍参加的自卫消防训练审查大会上，帝国酒店自卫消防队获得了优胜。作为向客人提供安全环境的酒店，这一优胜让我们欢欣雀跃。特别是丸之内地区林立着众多高层建筑，加之地铁在地底深处纵横交织，无论向上还是向下都四通八达，所以本区域在防灾上下了大力气。

相对于款待客人、提供服务等外表光鲜的部分，安全防灾在表面上并不会引起人们的注意。然而，不仅限于宾馆，一切服务业都以确保客人的安全为最优先事项。所以，我们下大工夫致力于提高工作人员的安全意识。

虽然安全防灾并不引人注目，但优质的服务要以“安全”为前提才有实现的可能。

什么是理所当然而又至关重要的工作

在帝国酒店（东京），整座建筑内有大大小小 10 万个灯泡。我们每天都会检查是不是有灯泡不亮，每天大约会找出 280 个不亮的灯泡。无论这项工作有多么麻烦，无论不亮的灯泡有多少，我们都坚持每天检查。

检查灯泡看似单调而且微不足道，但考虑到房客发现灯泡不亮时的心情，就不允许我们在检查中有半点马虎。类似这样的工作，还有很多很多。

比如，需要检查放在冰箱内的食品饮料的保质期。这项工作需要检查的样数也是极其庞大的。而且在客人办理完退房手续后，对于遗留在客房里的一切客人的物品，因为考虑到有可能是客人疏忽丢下的，所以一概不作为垃圾处理。从垃圾箱里的垃圾到写字台上的废纸、再到喝了一半剩下的饮料，都会在客人退房后保管一天。根据情况，有些遗留在客房的物品会保存一个星期，或者有些物品在取得客人的确认前绝不丢弃。

怎样才能一直向客人提供满意的服务？我们必须设想出各种突发事件的解决办法，并坚持贯彻做好事前准备的方针。在日常工作中的体现，就是检查灯泡亮不亮、食品有没有过期，总之是检查检查再检查。只有做到这些，才能保证无论什么时候客人来访，我们都能提供舒适且品质优良的服务。

最重要的是，为了以防万一，做好日常检查工作。要想让客人获得满意的体验，检查工作绝不能有半点马虎。

专　栏

与客人要隔开一个木桩的距离

有位前辈曾经告诉笔者："绝不要忘记客人与酒店工作人员之间有一个木桩的距离。"

这句话是说，无论我们把跟客人的距离拉得多近，在与客人之间都有一条绝对不能跨越的界线。虽然我们可以亲切友好，但绝不能过分接近。应该维持一种恰到好处的融洽关系。

这里所说的"恰到好处"，与帝国酒店规定的"优雅"和"低调"有共同之处，或许很难在短时间内掌握，但笔者认为这确实也是帝国酒店代代相传的"基因"之一。

教给工作人员保持恰到好处的间隔、关系和距离的重要性，就意味着让他们学会“划清界线”。如果没有这条界线，就建立不好提供服务一方和接受服务一方之间的关系。

然而有一点我们必须高度注意，那就是必须对客人怀有发自内心的“敬意”，否则很容易显得态度冷淡，或者表面恭敬内心傲慢。

亲切友好应该不同于“不把自己当外人”。

不少客人指出并称赞帝国酒店的优点就在于此，这也意味着，不少人还是对亲疏关系非常敏感在意的。

有一位常年光顾我们旧帝国酒吧的客人，当他被问到“为什么光顾帝国酒店”时，他是这样回答的：

“（我都来了这么长时间了）现在也说不上有什么特别的理由，不过硬要说的话，大概就是调酒师无论跟我混得再怎么熟，都会有意保持一条界线吧。”

—— 第 5 章 ——

记 忆

通过智慧和努力来巩固记忆

“忘却”与“想起”的反复循环

客人从宾馆出发前，最后要经过的地方就是前台了。

办理退房手续时，主要的工作是进行金钱的交接，在这种场合下稍不留神就让“准确性”抢了服务的上风。

帝国酒店的前台，曾经有那么一位出了名的工作人员，竟可以把接连到访的客人们的名字和样貌一一对号，分毫不差。于是很理所当然的，客人们都成了他的“粉丝”。当前台一叫到“××先生在吗”的时候，整个前台空间里就自然而然地洋溢出一种温馨的气氛。而进行支付、完成结算时，轻松融洽的气氛甚至想让你隔着工作台跟他天南海北地聊天。整个过程一点儿也不让人感觉是在进行会计上的事务，就是单纯地在享受服务。

“客人在宾馆入住期间要把他们放在第一的位置上、全身心投入服务，不过等客人办完退房手续后，为了集中精力接着给下面的客人服务，就必须先把刚才客人的事情忘个干净，把脑子腾得干干净净。这就是不断增加新的记忆的秘诀。”

据说这个秘诀，也是他从前辈那里学来的。

除了这个诀窍外，他还会早于上班时间提前上岗，去大堂接待处拿来住宿客人的名单进行核对，把客人的名字和样貌对上号，回想上一次跟客人交流的内容，并在脑海里模拟下一次与客人见面时交谈的场景。

今天的帝国酒店，前台气氛十分友好融洽，不会让人觉得见外。能营造出这样的氛围，还多亏了这名老员工呢。

怎样才能把接二连三来办理手续的客人全部记住？把上一位客人暂时忘掉，让大脑空空如也是一个窍门。在这样的状态下，对接下来到访的客人进行“预习与复习”。

放满了各种剪报的门童休息室

当轿车开到宾馆门前的一瞬间，立刻就迎来一位着装整洁帅气的门童，打开车门并面带微笑地说“××先生，恭候您的光临”。

虽然这一幕在电视剧里经常能够看到，但是要知道，作为一名门童，要对客人的名字做到脱口而出，必须在看到轿车开进酒店大门时根据轿车型号和车牌马上判断出车中坐着什么人物。

怎样才能掌握这样的“绝技”？这就要求门童付出巨大的努力，把客人的相貌、发型、体型等外在特征，再加上其个人爱好、出生地、所在公司名、职务名称等零零散散的资料像拼拼图一样凑成一个整体。虽然门童可能有跟轿车司机交谈的机会，但跟需要迎接的客人本人几乎不可能有任何交流，所以把各种碎片拼接起来的工作就变得尤其重要。

“乍一看，收集的信息碎片越多，拼接就越麻烦，但恰恰因为如此，才能印象更深地把客人牢牢记住。这也是做我们这一行的乐趣。”——帝国酒店的门童这样说。

在帝国酒店的门童休息室，各种杂志报纸的剪报塞满了各个角落，而这些都只是无数记忆碎片的一部分。

门童们高超的记忆水平，有时还会换来客人这样的“不情之请”：

有一位生前曾经多次光顾过帝国酒店的先生过世了，在举办他的葬礼时，遗属希望我们的门童上阵帮忙。因为葬礼上会接连不断地到访各方前来吊唁的人，而门童却有这样的本事，不必直接询问本人，只要看一眼汽车型号和车牌就知道是谁来了。所以葬礼越是隆重，就越缺不了具备这样能力的人才。虽然葬礼是让人伤感的仪式，但帝国酒店会珍惜老朋友曾经留给我们的回忆，尽可能地满足遗属的要求。

门童运用各式各样的信息碎片把客人们记在脑海里。他们通过把客人的样貌、爱好等所有资料重新整理组合，使自己对客人的记忆足够牢固。

调酒师的记忆法

把客人的相貌和名字对上号，既是作为优质服务的出发点，也是基本点。

要做好这点，或许需要通过收集客人的照片或信息，但最为有效的办法是直接跟客人进行交流。

帝国酒店的某位调酒师是这样介绍自己如何记住客人的相貌、名字和饮酒爱好的：

“说到底，还是要通过跟客人交流。这样做比默不作声地提供服务更能加深对客人和其对酒的喜好的记忆。在跟客人聊天时，如果能有意无意地了解到客人的小故事、而且这个小故事又特别能突显他的性格特点的话，就不会忘记。听到的小故事数量越多，涉及的范围越广，就越容易把客人记住。然后，把客人讲的小故事、他的相貌和他点的酒三者融会在一起，就记住了。”

调酒师的记忆方法，跟门童拼接信息碎片的方法有异曲同工之妙。也就是说，把客人的小故事、相貌和所点的酒看作一个整体加以记忆。据这位调酒师说，有时还会给客人画肖像画来加深记忆。

当客人再次来访时，看到客人的样貌，就能回忆起过去曾经听到过的小故事，然后趁客人还未落座时就把他爱喝的酒的准备工作做完。这样一来，当客人真正点酒的时候，马上就能把酒摆在客人面前了。

当想把客人牢牢记住时，没有什么方法比记住突显客人风格的小故事更有效的了。把客人在有意无意间聊到的小故事和他的相貌、所点的酒三位一体进行融会加以记忆。

巩固记忆的方法只能自己去发现

当问帝国酒店的某位调酒师，如何才能准确地记住种类繁多的大量酒名而不至于忘掉时，他是这样回答的：

“一般认为酒的种类约 2 万种。首先我会尽可能多地记住各种酒的名字，然后找出属于自己的巩固记忆的各种窍门。之所以这么说，不是因为我不舍得分享自己的记忆方法，而是因为每个人都有自己的窍门，适合我的方法不一定也适合别人。大概除了我之外，没有人适合。顺便说一句，我对第一次见到的东西或者学到的新知识，一定会记录下来、整理到笔记本上。”

这位调酒师的话里有两点值得我们注意。第一点，对于必须记忆的基础性知识，不要找各种托词，只管拼命记住就是；第二点，在巩固记忆的阶段，不要模仿别人的窍门，只能靠自己去发现。

每个人都有自己的记忆方式，有的人会去考究酒的来历，有的人会去了解酿制方法，有的人去查找酒的产地、气候温度，有的人依靠酒的色香味或者酒瓶、商标的特点加以记忆，总之记忆的方法多种多样。归根结底，总结出来的答案或许再寻常不过，那就是“诀窍只能靠每一个人自己去思考挖掘”。

有十个人就有十种巩固记忆的方法。我们只能靠自己去找出适合自己的方法来。这就是终极的诀窍。但归根结底，努力记住基础性知识是必不可少的。

手比脑记得还清楚

200多种鸡尾酒的调制方法，万一忘了该怎么办？帝国酒店的某位调酒师的回答是："首先让手动起来，然后等着记忆苏醒。"据他说，记忆不是通过大脑思考，而是通过手来实现的。也就是说，要把记忆融会到身体当中，让身体把记忆牢牢"锁住"，或者说去"掌握"记忆。毋庸置疑，这需要付出大量的时间和精力加以训练。

前总厨师长村上信夫先生在其著作《帝国酒店村上信夫的法国料理》的前言中这样说道：

"把菜谱写成文字的形式，对我而言是件很困难的差事。首先，我要准备2台录音机，并把房间的灯关上。在黑暗中，按照实际的烹饪方法，一边用手比划着一边录音。最后再把录音的内容整理成文章。"

村上先生在书写菜谱前，首先一定会做的是让手动起来，这样才能把烙在身体里的记忆唤醒。记忆不在大脑里，而是烙在了他的“手”上。多年来不断积累的记忆被一层层地记录在自己的“手”上，把这些记忆重新以语言的形式再现出来，想必花费了村上先生相当多的心血。

下面这段话或许有些前后矛盾，但村上先生同时又是这样指导后辈的：

“我总是对徒弟们说，干工作时用身体牢牢掌握记忆固然最重要，但又要手脑结合加以记忆。而且我还对他们说，书不怕多读，要读到烂为止。”

记忆的终极方式，是超越大脑的记忆，牢固地烙在自己的身体里。而我们必须不惜花费大量的时间和精力，通过不懈的努力将它得以实现。

专 栏

包租司机的专业作风让人佩服

在帝国酒店，有一项社长直接负责的活动叫做“名不虚传的帝国酒店推进运动”，从各个部门推荐的员工当中选出一名加以表彰，并在这些人中进一步进行选拔，授予年度大奖。

这一活动的特色是候选者不仅仅局限于酒店的工作人员，还包括子公司、相关公司和合作伙伴公司等的员工。也就是说，凡是与帝国酒店服务相关的人士都是候选对象。

任职于帝国酒店包租公司的泽田哲雄先生，于2004年8月荣获了这一殊荣。

当一位外国客人发现自己把护照忘在酒店客房后，

泽田先生将护照送至成田机场。他到机场给客人送护照的这一表现格外出色，事后收到了客人的感谢信。当时，泽田先生为了确保护照就是客人本人丢失的，在交还护照时请客人出示了带有照片的身份证件，不但让客人自己核对护照是不是自己的，他也在当场陪同进行了确认。

为了直接而准确地物归原主，交还人和失主双方共同进行确认——这一点深深打动了客人。

或许身在日本这样安全的国家比较让人难以想象，但考虑到有被坏人利用的危险性，护照比金钱还要贵重。

那一次送还护照，恰好赶上泽田先生有去成田机场迎接别的客人的任务，所以这次获奖看起来或许是他撞了大运。然而泽田先生通过两年的驻英经历和持有工作用飞机驾驶员执照（美国和日本都通用）背景下所培养出来的英语能力，以及在牢牢抓住外国客人最担心的要点上所体现出的服务能力都值得大书特书。

这样的职业风范，获奖是当之无愧的。

第 6 章

教 育

服务人员是我们的支柱

培养厨师人才必不可少的三大要素

帝国酒店现任总厨师长田中健一郎先生每年 3 次会把员工送去参加烹饪大赛，他的这一新举措取得了显著的成果。

在具备参加外部烹饪大赛的能力之前，烹饪员工会先接受帝国酒店开设的能力拓展培训。培训大致分为两个层次。

①基础技能培养讲座：以年轻厨师为对象，教授法语和基础烹饪技术。

②内部烹饪比赛：培训对象是具备了能参加国内外烹饪大赛实力的厨师。每年都会按照菜肴类、面包类、糕点类 3 个大项分别出题，通过初赛和复赛选出优胜者。

虽然是酒店内部的比赛，但其严格程度丝毫不输给任何正式大赛。所以在此比赛中获得优胜的厨师，也大多能在外部大赛、国际大赛中获得靠前的名次。

帝国酒店在培养烹饪方面的人才时，形成了一个三方面相辅相成的机制，即身边都是优秀的前辈、同事、后辈的工作环境；给员工创造学习机会的培训制度；重视努力和成果的评价制度。

这一人才培养体系不是自然而然就应运而生的。已故的村上先生打破了传统的严格的师徒制度和保密主义，为新体系的诞生做出了重大的贡献。在此基础上，现任总厨师长田中先生作为村上先生欣赏的爱徒，也不断在培养人才和活跃工作环境上大力推进改革，才有了今天的成果。

充满竞争对手的工作环境、给员工创造学习机会的培训制度、积极评价厨师的努力和成果的制度，是培养人才卓有成效的三大要素。

令客人感动的语言美

2005 年的元旦，帝国酒店的电话接线总负责人富樫文予先生在见到著名的作词家岩谷时子女士时，获得了一份意想不到的“压岁钱”。

其实，是岩谷女士称赞接线员的工作做得出色，她夸接线员们“古雅而恭敬，所用的词汇体现了日语的语言美”。事后，虽然富樫先生一再谦虚地说“简直像是收到了正月的压岁钱一样”，但得到来自语言大师的称赞也让他觉得没有白做接线员这一行。

话务中心平均每天总共要接的电话约为 2000 通，而在旺季则多达 3500 通。在一次次接听电话的过程中，接线员们仅用自己的声音就体现出了“帝国酒店的风范”。电话接线员每天都要进行各种训练：发音练习、礼貌用语、客人的投诉应对等。声音是接线员与客人交流的唯一手段，而通过声音，客人又会直接“看到”接线员的内心，所以接线员们对日常的训练绝没有半点含糊。

在电话接听工作中，遇到最多的就是向客人提供酒店的各种信息，特别是到达帝国酒店的路线信息。所以接线员在入职培训时，首先要练习说明怎么从离酒店最近的车站走到宾馆来。

这一练习的重点在于迅速地站到客人的立场上，用最易懂的方式把路线解释清楚。“迅速、准确、耐心”，首先把几个基本要点抓住了，才有可能更上一层楼，做到“美”的表达。

做到语言优美有 4 个窍门。①说话的语调：要明亮、柔和、优美；②复述·确认·记录：担任需要肩负一定责任的任何工作时都少不了这 3 点；③问候与随声附和：问候要清楚大方，在对客人的话表示附和时，用“轻短高”的方式表达出与对方感同身受；④道别语：道别时说的话要注意留有余韵。

然而，以上 4 点终究是形式上的窍门，能不能发挥好还是要取决于是不是与客人进行了真情实意的交流。清楚流利的语音语调、准确得体的礼貌用语、精练利索的解释说明，这些表现背后如果没有真情实意，就不能打动客人，自然也不会体现出“帝国酒店的风范”。

要有一颗真诚待客的心，同时在表达时要注意“迅速、准确、耐心”，做到了这些，就会让客人觉得我们说的话很“美”。

得体的英语会话能力必不可少

帝国酒店会在公司的培训教室定期举办外语培训活动，每个星期合计举办 11 次之多，宾馆的所有部门都是培训对象。这一培训属于人事部培训的一个环节，除此之外，住宿部还专门开设了英语培训。

住宿部的英语培训虽然每 2 个月才组织一次，但该培训使用一本内部编写的名为《与外国客人英语交流讲座》的教材，鲜明地抓住了接待外宾时的注意事项，对学员进行非常严格的训练。

这一培训中所教授的英语，重点放在“作为帝国酒店的一名工作人员，所说的英语是否得体”上。所以有些时候，甚至会对学员以往所学的英语知识从根本上加以纠正。

除了教授得体的英语，还会让学员掌握作为向客人提供服务的一员所必须具备的基本心得，如“时刻保持微笑、优美的手势、站姿”“得体的问候”“准确的敬称”等。

除此之外，该培训还包括会话练习、角色扮演实践，并解决员工在日常服务中遇到的难以应对的问题。虽然培训涉及了方方面面，但目的始终都在于提高与客人面对面时的服务水平。

通过这样的讲座，既让学员们在掌握英语的过程中理解什么是服务，也让学员养成这样一个习惯：不忘站在客人的角度看问题，时刻去思考客人的感受。

外语，特别是作为国际通用语言的英语，是酒店工作人员必须学习掌握的。学习英语，掌握准确的语法固然重要，但更为重要的是一边想象着与客人交流的实际场景，一边尽可能做到“把话说到对方心里”。

为国际化顶级酒店的财富创造助力的海外留学制度

在1990年帝国酒店迎来开业100周年之际，建立了工作人员赴海外留学的制度。有意者在经过宾馆内部选拔后，可以赴自己希望的国家留学。

在过去的15年里，已有共计36名员工分别赴8个国家留学。帝国酒店除了替学员支付学费、机票费用之外，还每月发放工资并累计工龄。

在选拔人员时最重视的，是报名者本人提交的留学目的和留学目的地。例如：

·厨师以学习烹饪为目的，选择去法国的烹饪学校留学，或者去一流饭店、三星餐厅研修；

·酒吧的工作人员以酿制威士忌或实务研修为目的，去英国，在蒸馏酒酿造厂或宾馆研修。

员工留学归国后，就算留学时的经历不会跟现在所从事的工作直接挂钩，但对于把“国际性顶级酒店”作为企业理念的帝国酒店而言，无疑是一笔巨大的财富。

池本惠纪在 1999 年结束了海外留学，回国后先被分配在住宿部前台工作，现在外售事业部·商品开发课工作。她是这样谈自己的留学体会的：

“我在留学时通过实习制度，体验了酒店礼宾部的工作。最初计划实习 2 个月时间，但是到了岗位才发现 2 个月时间根本不够。如果只是短暂的实习，岗位上的其他同事肯定只把我当成一个‘客人’。当我意识到这点后，再加上所在酒店的上司的建议，我跟公司商量，申请延长了留学时间。结果光是实习我就花了 8 个月时间，合计用了 1 年。”

“现在回想自己留学时的收获，首先是能够站在外面去看帝国酒店，这一点非常宝贵。留学前我进入公司已有 3 年时间，通过留学重新认识到了帝国酒店是非常值得我骄傲的。与此同时我还懂得了，自己就是自己，既不要卑躬屈膝也不要逞强。”

赴国外留学是一笔巨大的财富，这对去留学的本人和帝国酒店而言都是非常宝贵的。有了全方位的后援，才能够更好地发展服务本身。

“名不虚传的帝国酒店推进运动”

2000年帝国酒店开业110周年起，开始开展“名不虚传的帝国酒店推进运动”。这项运动在酒店的全体工作人员之间展开，目标是增加优质服务、让更多客人发出“帝国酒店果然名不虚传”的感慨。

这项公司内部推行的活动，其对象并不只针对正式员工。

除正式职工之外的工作人员、合作公司的员工也可以参加。因为他们都是创造帝国酒店品牌所必不可少的伙伴。而这项活动的目的，是为让所有在帝国酒店工作的成员，都把心放在每一位到访酒店的客人身上。

不管你是酒店的正式员工，还是合同工、合作公司的员工，在客人眼里都没有什么区别。每一个人都无疑是帝国酒店的工作人员。该活动的一个环节，设有表彰制度，本书中已经介绍过的帝国酒店包租公司的泽田先生、负责冰雕的平田先生、提供擦鞋服务的“金叔”等，都是获得表彰的公司员工之外的人员。

为了做一个在21世纪也立于不败之地的酒店，“名不虚传的帝国酒店的推进运动”把活动聚焦在了帝国酒店的“基干商品”、也就是工作人员的身上。

对一丝不苟地完成业务、积极热情地投身工作的部门和个人进行准确得当的评价，是公司和工作人员之间建立良好的信任关系的基础。而且，因为在一个巨大的组织当中，每个人都不可能全方位地了解所有业务，所以这一活动也起到了加强成员之间相互理解与认识的作用。让每一位客人、公司和所有的工作成员都幸福——该活动作为实现这一目的的环节之一，今后将会一直开展下去。

帝国酒店的目标是硬件、软件、人员这三大要素的全方位进步，而最终的决定性因素是人员，是所有工作在帝国酒店的成员。以什么方式任职是完全不重要的。

电话应对时与对方建立“有机”的联系

虽然在话务中心工作的全部是女性，可在“公司内部电话接听比赛”临近之际，任职于酒店内各个岗位的男员工们也会时不时前来接受指导。

作为一名接线员，一般来说发挥了三大重要作用：在接听外部咨询来电时发出的最初的声音，是“饭店的脸面”；在公司内稳妥准确地转接给相关部门，是“酒店的神经”；斡旋于客人和需要转接的部门之间，是“酒店的润滑剂”。不仅如此，帝国酒店的工作人员在学习准确的服务用语、提高与客人交流的表达能力时也要来话务中心，所以这里还发挥了“语言培训中心”的作用。

通过“电话接听比赛”，可以检验学员经过语言培训后的成果。在检验成果时，看的是学员是否发音明朗、口齿清晰、让人听得真切；接待客人时是否热情而耐心，与对方建立“有机”的联系；是否通过恰到好处的随声附和并结合每个人声音特质和音量大小完美地发挥自己的个性。

以如何与客人建立“有机”的联系为例，请看下面一组对话：

“喂，我是铃木。”

“哦，是铃木先生吗？您好，我是××部门的佐藤。承蒙您平日对敝公司的关照。”

以上这段小对话，是公司内电话接听比赛出的一道题目的最开始部分。首先，这道题要求学员一字不差地把最基本的问候用语说出来。并且，其实在这道题里，“哦”的环节也是考察的一个重点。

因为这段话是在客人做自我介绍后的一个回应，所以发这个“哦”的窍门，是既要短而轻，同时还要带有听到是对方来电后的欣喜之情。在进行具体的会话时，虽然这一句“哦”可以不发出声音来，但是有没有留出这一小拍的空当却大不一样，因为它在我们与对方之间形成了一种“有机”的联系，是人与人交谈时很重要的一个技巧。

电话接听比赛就是以这样的评审标准检验学员们的培训成果的。它不但对员工们日常的工作有实际帮助，在保持并提高全体工作人员工作积极性上也发挥了重要作用。

在电话接听比赛中，评审标准主要是在发音明朗、口齿清楚、让人听得真切的同时，与听话人建立“有机”的联系，并表达得简明扼要，到达话题的核心。

专栏

来自捷克某家宾馆的电话

笔者在前文介绍“顾客关系部”时也曾提到过，宾馆有几个很重要的部门，虽然不直接与提高营业额挂钩，但是却能创造出让客人成为回头客的机会。

话务中心就是这样一个部门。

电话接线员们既不能靠手势也不能靠表情，只能通过声音与客人交流，当然也没有机会把自己工作时的样子呈现给客人。

可是，帝国酒店就曾经发生了这样的例外：

某一天，日本时间凌晨1点多，话务中心突然接到了一通住在捷克某宾馆的日本女士打来的国际长途。

“我没法跟所住宾馆的前台用英语沟通，现在不知道怎么办才好。我想明天退房返回日本，可是前台告诉我刷不了信用卡。”

透过电话，那位女士手足无措的心情仿佛直诉到接线员的心上。在电话里，这位女士说，过去从来没有入住过帝国酒店，不过如果在外国遇到了困难、不知道该怎么办才好的时候，打给帝国酒店，肯定能得到相应的帮助，于是给我们打了电话。

感觉到对方已经乱了方寸，接听电话的接线员也不由得把女士的麻烦当成是自己的事，马上让她把电话转给捷克的宾馆前台，与其直接沟通。经过与对方前台交谈后才知道，原来信用卡完全可以用，没有任何问题。

之后，帝国酒店的电话接线员对那位女士说了：“请您别担心，如果又遇到了什么困难，请再打电话给我们”，之后才挂了电话。

过了几天后，女士和自己的妈妈一起来到帝国酒店，把一般情况下不会与客人打照面的电话接线员叫到了酒店前台，告诉她自己已经平安回国了。

遇到困难的时候就想到我们帝国酒店，这比什么都让人高兴——这是工作在话务中心的员工们的一致感想。

—— 第 7 章 ——

传统与革新同在

帝国酒店行为规范

帝国酒店的“行为规范”由 9 个执行主题构成，帝国酒店的所有工作人员都会随身携带记录着这些规范的卡片（164 页～171 页）。

在这 9 个执行主题中，“问候・清洁・仪态”被看作是接待客人时所必需的最起码的言谈举止及条件；“感谢・为客人着想・谦虚”是最基本的心态；“知识・创意・挑战”是工作积极性以及作为其基础的素养与知识。

这些内容都是基本中的基本，甚至有人看了可能会说“怎么全是些老生常谈的东西”。然而，如果想提供打动客人的服务，当我们在落实到行动上时，会碰到各种各样的难题。而只有对这些最基本的行为进行不断的重复与彻底的贯彻，并一次次地确认自己的工作劲头，才是实现提供优质服务的唯一方法。

帝国酒店在承办婚宴时所提供的婚礼商品，是体现了“创意·挑战”精神的很好的一例。

“让新婚情侣一生中最重要的纪念日如同艺术品一般精美”——本着这样的心愿，帝国酒店设计并提供的婚宴搭配式样随处体现着考究与用心。而这一服务就叫做“ART of Celebration”(庆典之艺术)。

首先是装饰盘，一般酒店提供的装饰盘只是把几种事先定好的模子烧制后刻上原创的图案，而在帝国酒店，装饰盘的制作是从设计新模子开始的。婚礼时铺的桌布，我们坚持使用100%棉的布料，虽然这种布料很容易坏，很多酒店都尽量避免使用。餐盘的设计则不会抢占菜品在视觉上的风头，既有现代感又不为流行所左右，与装饰盘一样，都是从选择陶土的阶段开始制作的。最后是水晶酒杯，不但拿着舒服，而且设计优美典雅。

帝国酒店对“高雅品味”的追求与挑战，获得了越来越多的客人的赞誉。

帝国酒店的服务规范包括9个执行主题："问候・清洁・仪态・感谢・为客人着想・谦虚・知识・创意・挑战"。

帝国酒店　行为规范

——如何让客人称赞“帝国酒店果然名不虚传!”——

最早，帝国酒店作为日本的“国宾馆”起步，作为代表日本的宾馆，做国际性顶级酒店是我们的目标。我们作为帝国酒店的员工，向客人提供最优质的服务和商品、真心打动每一位客人是我们的使命。

我们所提供的服务与商品，就是指在宾馆内外接待客人时，直接或间接参与工作的我们每一个人的一切言谈举止。自在电话里回应客人的咨询那一刻起，我们就开始了服务与商品的提供。

不但是在接待客人的过程中，在后台甚至在日常生活中，我们都应该时刻带着作为一名帝国酒店工作成员的骄傲和自我意识开展行动。

我们的一切言谈举止都在客人的观察之中。我们应该谦虚地接受客人的意见与建议，虚心审视自己，好的传统要继承，需要改进之处要立刻改进，采取真诚的行动。

客人对我们的评价高低，等同于其被打动程度的高低，也直接等于帝国酒店的业绩。也就是说，我们必须认识到我们生活的一切基础都在客人身上，打动客人就是打动自己，只有做到这些的人，才会被看作是一名名副其实的帝国酒店工作人员。

为了让客人和社会称赞我们“帝国酒店果然名不虚传!”，遵守帝国酒店的行为规范是我们应该迈出的第一步。

【问候】

注意自己有没有疏忽了对客人的问候，有没有把问候客人不当回事。

你的问候是否对得起客人对你的评价？

你是否充分表达出了对客人的感谢之情？

问候是信任与感谢的体现。在家庭里或单位里不懂得与人问候、打招呼的人，也不可能与客人进行良好的问候交流。我们首先要从与同事互相问候“早上好”开始，大声地打招呼。

【清洁】

清洁而舒适的空间，是我们提供给客人的最基本的商品。

不但要保持自己工作岗位的卫生，还要留意大厅或者走道有没有掉下垃圾，有没有忽视了哪里的灰尘或污渍。无论是营业区域还是工作区域，无论走在哪里都要眼观六路，做到“有垃圾，就要捡起”。

【仪态】

客人对我们的第一印象取决于我们的“仪态”。每一位工作人员干净清爽的着装和仪态，是帝国酒店的主力商品之一。

整齐的着装、大方的仪态可以让我们精神抖擞，为客人提供优质的商品和服务。衣着邋遢的人绝不可能提供出一流的服务。

同时，与“问候”相同，“仪态”也是日常生活的延伸。我们在日常生活中（包括上下班路上）的穿着打扮上也应该时刻注意，穿出一名帝国酒店工作人员的风采。

帝国酒店对个人仪态的基本要求是“清洁·优雅·低调”。

【感谢】

只要是人，无论是谁都不可能自己一个人活下去。于公于私，我们都需要各种人的支持与帮助。

我们所从事的工作，正因为有客人的来访才得以存在，也因为有交易伙伴、其他部门员工以及家人的大力支持才得以成立。我们工作、生活、生存，这一切都从感谢开始。

不仅要在接听客人的电话、迎接客人光临、向客人问候以及欢送客人时表达谢意，在业务上或日常生活中，无论对方是什么人，我们都应该抱着感谢的态度。

【为客人着想】

体谅是为他人着想的出发点。并且，一颗体谅人的心一定会被对方理解与接受。

客人需要些什么，无一不通过不经意的言谈或者不起眼的小动作传递给我们。我们应该抱着为客人着想的心，迅速察觉客人之所想所需，并热诚耐心地对待。

为客人着想的精神，是“顾客至上主义”的基础。

【谦虚】

我们要时刻反省，有没有出现骄傲冷漠、有失礼数（此称为“傲慢”）的时候。

对于客人的要求或意见，我们是否从一开始就采取了找借口的态度？

虚心耐心地聆听别人的话，有助于舒缓说话人的情绪。

低调、虚心，对他人恭恭敬敬（此称为“谦虚”）的态度，会让任何人都觉得心情舒畅。

我们应该时时刻刻对任何事都抱着谦虚的态度。

【知识】

不同的客人对酒店有五花八门的需求。而且，客人的要求随着时代的变化也在不断改变，这种改变今后仍将持续下去。

我们作为帝国酒店的一名工作人员，应该具备无论何时何地、针对任何事情都能应对自如的商品知识，以及把知识发挥到最大化的技能。

与此同时，还应该努力向他人推广我们的知识和技能，并广泛地吸收学习他人的知识和技能。我们应该时刻保持好学向上的心态，不断获取知识、提高技能。

不仅要掌握商品知识，还应该掌握其他部门的业务内容、其他宾馆的状况以及社会现状等知识并提高技能。相关的材料就在我们周围，取之不尽用之不竭。

【创意】

我们所提供的商品和服务，决不允许其他企业效仿与赶超。而客人也理所当然地要求我们做到这一点。

怎样才能抢在客人之前把握他们的需求，并提供更好的商品和更优质的服务？我们不应该拘泥于传统的做法和想法，应该时时刻刻以崭新独特的思路和创意进行改进提高，并在日常中不断研究、积累经验实现新的想法。

时刻牢记“传统与革新常在”。

【挑战】

帝国酒店悠久的历史和传统，起步于作为日本文化与西方文化的交流桥梁的身份，并在诸多先辈的不断努力和时刻追求更高更好的挑战中构建起来。

我们在对悠久的历史和传统怀抱无限自豪的同时，还要不忘革新，在工作中向更高的层次发起挑战。

并且，我们应该在认识到自己是帝国酒店工作人员的基础上，带着挑战更高层次的意识，勇于面对变化中的时代，对此行为规范和执行主题开展行动。

“挑战”才是打开帝国酒店未来之门的钥匙。

帝国酒店的传统
——永做革新人

最近，创业家成为人们关注的一个话题。在创办企业之后，必须想办法把企业维持发展下去。

现在不仅是宾馆酒店业，看其他任何产业，也会发现有的企业变了面貌，有的企业则销声匿迹，把企业维持发展下去的困难显而易见。

2005 年，帝国酒店迎来了开业的第 115 个年头。

现任社长小林哲也先生在这一时刻提出了“传统与革新同在”的口号。这意味着，无论是为保护传统而付出的努力，还是为革新而投入的匹敌于创建一个新企业所需要的精力，都至关重要。

“传统与革新”，能够抓住这两点，其关键在于“待客能力”。

归根结底，其关键就在于反复执行与贯彻本书中反复提到的9大主题——“问候·清洁·仪态”等作为一个社会人所应有的举止作风；对客人的“感谢·为客人着想·谦虚”等作为服务行业专家所应具备的基本精神；以及“知识·创意·挑战”等积极进取的姿态。

> “待客能力”的高低是决定一个宾馆能否维持发展下去的关键，是极其具有战略性的技能。无论是保护传统还是大力革新，其关键都在“待客能力”上。

专　栏

弗兰克·劳埃德·赖特套房

或许很多人都知道西蒙与加芬克尔（Simon & Garfunkel）的《忧愁河上的金桥》　（Bridge Over Troubled Water）这首金曲，但恐怕没有多少人知道同一张专辑里还收录了这样一首曲目——以“别了，弗兰克·劳埃德·赖特”起头的，“献给弗兰克·劳埃德·赖特之歌”。而弗兰克·劳埃德·赖特，正是帝国酒店旧主楼的设计人。

赖特被盛誉为代表20世纪的建筑大师之一，时至今日仍有不少（或者说出现了越来越多的）坚定忠诚的崇拜者。而在纽约的大都会艺术博物馆，至今仍以“Imperial Chair”（帝国椅）的名称展示着帝国酒店旧主楼曾经用过的座椅。

当帝国酒店提出自2003年起为期5年的翻修计划时，在讨论方案的过程中有人提出希望以套房的形式再现弗兰克·劳埃德·赖特的设计，希望修建冠有其大名的套房。

这一提议不是希望单纯要一个“赖特风格”，而是彻底要一个“原汁原味的赖特”。

于是，帝国酒店马上派遣了专员前往美国亚利桑那州，向拥有赖特作品所有权的弗兰克·劳埃德·赖特财团申请设计许可。该财团是以保存并发扬赖特一生所坚持的作品和思想为目的而设立的团体。在财团欣然接受了我们的申请后，2005年4月，弗兰克·劳埃德·赖特套房终于建成了。

这一套房随处都还原了旧主楼（赖特楼）的设计，同时还吸取了赖特在设计私人宅邸时的创意灵感并进行了重新构建，成为世界上独一无二的赖特套房。

套房包括了门厅、客厅、起居室、餐厅、书房、寝室和浴室。

当然，虽然我们极大尊重弗兰克·劳埃德·赖特的原创设计，但作为现代的客房，必须同时具备赖特当年进行创作设计时还没出现的空调、电视和通讯设备。所以说，赖特套房是在尊重传统设计的基础上追求具有现代化功能而革新的产物。

赖特套房，是帝国酒店实践“传统与革新”的完美而具体的体现。

后 记

1890年（明治23年）11月3日，帝国酒店在现地址为东京都千代田区内幸町1-1-1（旧地址：东京府麴町区内山下町1丁目）落成了。帝国酒店南邻鹿鸣馆，位于当时外国人频繁往来的“横滨（港口）——新桥（东海道线总站）——筑地（外国人居住地）”一线上。

在当时的日本，如何修改于江户安政（年号，1854～1860年——译者注）年间与各国列强签订的不平等条约成了国家最大的课题。也出于这个原因，欲与诸发达国家平等交流，自然就需要一块接待外国贵宾用的住宿场所。

帝国酒店自开业以来一直与日本的近代史发展共同前进，至2005年，已经迎来了开业的第115个年头。

帝国酒店也是宾馆酒店行业各个方面的先驱者。

比如现在日语里所使用的“拱廊”“自助餐”等词都是帝国酒店创造发明的，而在同一建筑内既举行婚礼又设置喜宴的婚礼样式则是在大正时代（1912～1926年），由当时的帝国酒店总经理设计推出的，时至今日，已经成为酒店婚宴的标准样式。这种“传统与革新同在”的精神是帝国酒店的基本姿态，一直流传至今。

帝国酒店（东京）的建筑物，到今天，主楼已经历了2次更新换代。在3代建筑里，让帝国酒店（IMPERIAL HOTEL）被全世界知晓的是由弗兰克·劳埃德·赖特所设计的第2代主楼，一般称为“赖特楼”。

赖特楼的新楼落成庆祝宴会原本定于1923年（大正12年）9月1日正午12点整开始，但震级达7.9级的关东大地震于当日11点58分爆发了。整个东京内的建筑物几乎全部遭到了毁灭性的破坏或者严重的火灾，而赖特楼是唯一只受到轻微损害的建筑。当时，帝国酒店坚持贯彻奉献社会的精神，积极援助外国使馆、媒体和各受灾企业，也因此一下子扬名四方。

之后，1970 年（昭和 45 年）建成了今天的主楼，1983 年（昭和 58 年）建成了融饭店、写字楼、商店区为一体的“帝国塔”。

现在，帝国酒店（东京）约有客房 1000 间、可容纳客人约 2000 人，餐厅酒吧 17 间、宴会大厅 27 间。前来住宿的客人可以愉快舒适地体验住宿生活，而来宾馆的访问者亦可获得文化、社交和娱乐上的享受，帝国酒店俨然成了一个充满欢愉的小都市。

帝国酒店（大阪）有客房 390 间、宴会大厅 22 间、餐厅酒吧 10 间。上高地帝国酒店（位于长野县松本市安昙上高地）有客房 75 间、餐厅酒吧 4 间。

正值本书企划之际，我们敬爱的村上先生去世了。而与此同时，帝国酒店又即将承办纪宫公主清子殿下的婚礼，故整个酒店沉浸在悲喜交加的气氛之中。本书正是在这样的环境下写成的，谨以此书对帝国酒店的传统做一个回顾。

此次为笔者首次参与出版工作，日本能率协会管理中心的斋藤亮介先生不厌其烦，手把手地教给笔者最基础的编辑知识。同时，笔者最要感谢的是工作在宾馆各部门的同仁们，他们不但在百忙之中抽出时间鼎力相助，甚至给予我很多指正。

此外，帝国酒店事业统括部广报课作为帝国酒店的对外窗口，大力协助笔者在宾馆内各个岗位寻找接受采访的对象，并把大家零散的空闲时间调整到一起，还提供了采访用的房间。不仅如此，还仔细认真地阅读笔者的采访稿件，并给予了宝贵的建议。

对酒店事业统括部次长山中左卫子女士、广报课主任作田宣彦先生的大力支持，在此笔者表示最崇高的谢意。

衷心感谢各位的鼎力相助。

阅读本书的读者朋友之中，可能有毕业后立志在宾馆酒店行业工作的学生，也可能有正在从事服务业的同仁，如果本书能起到微薄的参考作用，笔者将感到无比欣慰。

川名幸夫

2006 年 3 月

“服务的细节”系列

《卖得好的陈列》：日本“卖场设计第一人”永岛幸夫

定价：26.00 元

《为何顾客会在店里生气》：家电卖场销售人员必读

定价：26.00 元

《完全餐饮店》：一本旨在长期适用的餐饮店经营实务书

定价：32.00 元

《完全商品陈列 115 例》：畅销的陈列就是将消费心理可视化

定价：30.00 元

《让顾客爱上店铺 1——东急手创馆》：零售业的非一般热销秘诀

定价：29.00 元

《如何让顾客的不满产生利润》：重印 25 次之多的服务学经典著作

定价：29.00 元

《新川服务圣经——餐饮店员工必学的 52 条待客之道》：日本“服务之神”新川义弘亲授服务论

定价：23.00 元

《让顾客爱上店铺 2——三宅一生》：日本最著名奢侈品品牌、时尚设计与商业活动完美平衡的典范

定价：28.00 元

《摸过顾客的脚才能卖对鞋》：你所不知道的服务技巧，鞋子卖场销售的第一本书

定价：22.00 元

《繁荣店的问卷调查术》：成就服务业旺铺的问卷调查术

定价：26.00 元

《菜鸟餐饮店 30 天繁荣记》：帮助无数经营不善的店铺起死回生的日本餐饮第一顾问

定价：28.00 元

《最勾引顾客的招牌》：成功的招牌是最好的营销，好招牌分分钟替你召顾客！

定价：36.00 元

《会切西红柿，就能做餐饮》：没有比餐饮更好做的卖卖！ 饭店经营的“用户体验学”。

定价：28.00 元

《制造型零售业——7-ELEVEn 的服务升级》：看日本人如何将美国人经营破产的便利店打造为全球连锁便利店 NO.1！

定价：38.00 元

《最强导购成交术》：解决导购员最头疼的 55 个问题，快速提升成交率！
定价：36.00 元

《帝国酒店——恰到好处的服务》：日本第一国宾馆的 5 秒钟魅力神话，据说每一位客人都想再来一次！
定价：33.00 元

《服务的细节 029：餐饮店长如何带队伍》：解决餐饮店长头疼的问题——员工力！ 让团队帮你去赚钱！
定价：36.00 元

《服务的细节 030：漫画餐饮店经营》：老板、店长、厨师必须直面的 25 个营业额下降、顾客流失的场景
定价：36.00 元

《服务的细节 031：店铺服务体验师报告》：揭发你习以为常的待客漏洞 深挖你见怪不怪的服务死角 50 个客户极致体验法则
定价：38.00 元

《服务的细节 032：餐饮店超低风险运营策略》：致餐饮业有志创业者 & 计划扩大规模的经营者 & 与低迷经营苦战的管理者的最强支援书
定价：42.00 元